AIRCRAFT CABIN SERVICE

승객 하기 후 관리

AIRCRAFT CABIN SERVICE

승객 하기 후 관리

NCS

머리말

NCS(국가직무능력표준, National Competency Standard)

NCS란 산업현장에서 직무를 수행하기 위해 요구되는 지식, 기술, 소양 등의 내용을 국가가 산업부문별, 수준별로 체계화한 것으로 산업현장의 직무를 성공적으로 수행하기 위해 필요한 능력(지식, 기술, 태도)을 국가적 차원에서 표준화한 것을 의미한다.

NCS의 목적은 현재의 스펙보다는 비행업무 직무역량을 우선시 하고 해당 직무수행에 요구되는 능력을 갖춘 인재를 선발하며 이는 무분별한 스펙경쟁을 해소함으로써 학벌이 아닌 능력에 따라 대우받는 열린 산업현장을 구축하는 데 있다. 2015년도 130개 공공기관에서 NCS를 이용하여 3,000명을 채용할 계획이며, 2017년까지 모든 공공기관 및 항공사/일반 기업체의 NCS 채용이 보편화 될 것으로 예상하고 있다.

본 교재에서는 NCS '항공객실서비스' 능력단위 항목인

- 기내일상 안전관리
- 승객 탑승 전 준비
- 승객 탑승 및 이륙 전 서비스
- 비행 중 서비스
- 착륙 전 서비스
- 착륙 후 서비스
- 승객 하기 후 관리

- 응급환자 대처
- 객실승무 관리

능력단위별로 분권하여 미래 예비 승무원들의 수준에 맞도록 튼실하고 짜임새 있게 저술하였으며 NCS 항공객실서비스를 학습하는데 능력단위별 주교재/부교재로 선택할 수 있게 하였고 유사분야로 사료되는 '승객 탑승 전 준비, 승객 탑승 및 이륙 전 서비스', '착륙 전 서비스, 착륙 후 서비스' 등 밀접하게 연관성 있는 능력단위를 합본하여 학생들로 하여금 체계적인 선수 및 후수 학습을 가능하게 하였다.

따라서 본 교재의 특징인 최신사진과 객실승무경력 32년 저자의 경험을 담은 글을 함께 학습하면 NCS 항공객실서비스 분야에서 원하는 모든 항공지식을 습득·함양할 수 있으며 예비 승무원들이 원하는 항공사에 입사 후, 재교육의 필요 없이 객실승무비행에 임할 수 있는 자격과 지식을 갖추게 될 것이라 자신하고 싶고 항공객실서비스에 대해 재교육을 받을 시에는 본 교재의 선학습 효과로 인해 어느 훈련생보다도 상당히 우수한 성적으로 수료하지 않을까 확신한다. 이는 곧 국가와 항공회사의 신입승무원 재교육이라는 큰 부담을 덜어주는 촉매제 역할을 하게 될 것이며, 아울러 개인·항공회사·국가의 경쟁력 강화로 이어지지 않을까 생각한다.

2016년 1월 안양소재 대림대학교 항공서비스과에서 저자 씀

국가직무능력표준이란?

표준의 개념

국가직무능력표준(NCS, national competency standards)은 산업현장에서 직무를 수행하기 위해 요구되는 지식·기술·소양 등의 내용을 국가가 산업부문별·수준별로 체계화한 것으로 산업현장의 직무를 성공적으로 수행하기 위해 필요한 능력(지식·기술·태도)을 국가적 차원에서 표준화한 것을 의미합니다.

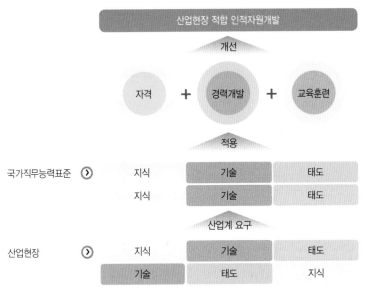

[국가직무능력표준 개념도]

표준의 특성

○ 한 사람의 근로자가 해당 직업 내에서 소관 업무를 성공적으로 수행하기 위하여 요구되는 실제적인 수행능력을 의미합니다.
  - 직무수행능력 평가를 위한 최종 결과의 내용 반영
  - 최종 결과는 '무엇을 하여야 한다'보다는 '무엇을 할 수 있다'는 형식으로 제시

○ 해당 직무를 수행하기 위한 모든 종류의 수행능력을 포괄하여 제시합니다.
  - 작업능력 : 특정 업무를 수행하기 위해 요구되는 능력
  - 작업관리능력 : 다양한 다른 작업을 계획하고 조직화하는 능력

- 돌발상황 대처능력 : 일상적인 업무가 마비되거나 예상치 못한 일이 발생했을 때 대처하는 능력
- 미래지향적 능력 : 해당 산업관련 기술적 및 환경적 변화를 예측하여 상황에 대처하는 능력

○ 모듈(Module) 형태의 구성
- 한 직업 내에서 근로자가 수행하는 개별 역할인 직무능력을 능력단위(unit)화하여 개발
- 국가직무능력표준은 여러 개의 능력단위 집합으로 구성

○ 산업계 단체가 주도적으로 참여하여 개발
- 해당 분야 산업별 인적자원개발협의체(SC), 관련 단체 등이 참여하여 국가직무능력표준 개발
- 산업현장에서 우수한 성과를 내고 있는 근로자 또는 전문가가 국가직무능력표준 단계마다 참여

표준의 활용 영역

• 국가직무능력표준은 산업현장의 직무수요를 체계적으로 분석하여 제시함으로써 '일-교육-훈련-자격'을 연결하는 고리, 즉 인적자원개발의 핵심 토대로 기능

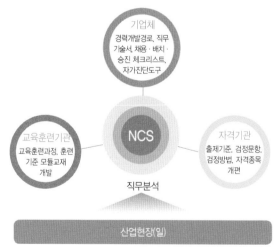

[국가직무능력표준의 기능]

• 국가직무능력표준은 교육훈련기관의 교육훈련과정, 직업능력개발 훈련기준 및 교재 개발 등에 활용되어 산업 수요 맞춤형 인력양성에 기여합니다. 또한 근로자를 대상으로 경력개발 경로 개발, 직무기술서, 채용·배치·승진 체크리스트, 자가진단도구로 활용 가능합니다.
• 한국산업인력공단에서는 국가직무능력표준을 활용하여 교육훈련과정, 훈련기준, 자격종목 설계, 출제기준 등 제·개정시 활용합니다.

• 한국직업능력개발원에서는 국가직무능력표준을 활용하여 전문대학 및 마이스터고·특성화고 교과과정을 개편합니다.

구 분		활용콘텐츠
산업현장	근로자	평생경력개발경로, 자가진단도구
	기업	직무기술서, 채용·배치·승진 체크리스트
교육훈련기관		교육훈련과정, 훈련기준, 교육훈련교재
자격시험기관		자격종목 설계, 출제기준, 시험문항, 시험방법

NCS와 NCS 학습모듈의 연결 체제

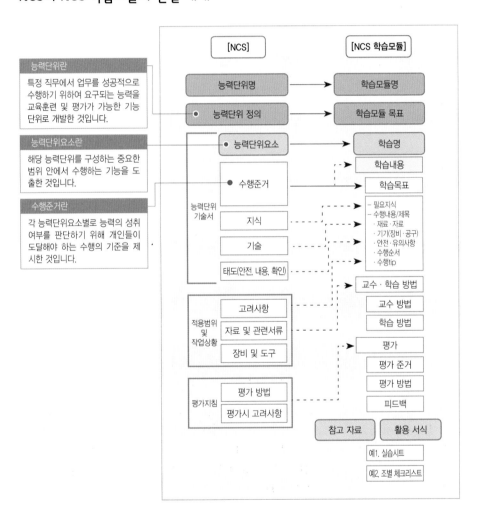

직무명 : 항공객실서비스

항공객실서비스는 총 9가지의 능력단위로 구분되어 있으며 능력단위의 내용은 아래와 같다.

1. 항공객실서비스 직무 개요

1) 항공객실서비스 직무 정의

> 항공객실서비스란 객실 안전관리, 승객 탑승 전 준비, 승객 탑승 서비스, 이륙 전 서비스, 비행 중 서비스, 착륙 전 서비스, 착륙 후 서비스, 승객 하기 후 관리, 응급환자 대처, 객실승무 관리를 하는 일이다.

2) 항공객실서비스 능력단위

순 번	능력단위	페이지
1	기내 일상 안전 관리	
2	승객 탑승 전 준비	
3	승객 탑승 및 이륙 전 서비스	
4	비행 중 서비스	
5	착륙 전 서비스	
6	착륙 후 서비스	
7	승객 하기 후 관리	
8	응급환자 대처	
9	객실승무 관리	

3) 항공객실서비스 능력단위별 능력단위요소

(능력단위의 수준은 난이도를 말하며 숫자가 높을수록 난이도/높은 이해도를 요구한다)

분류번호	능력단위(수준)	능력단위요소	수 준
1203010501_13v1	기내 일상 안전관리(3)	승객 탑승 전 안전 · 보안 점검하기	3
		항공기 이 · 착륙 전 안전 · 보안 관리하기	3
		비행 중 안전 · 보안 관리하기	3
		착륙 후 안전 · 보안 점검 · 관리	3

분류번호	능력단위(수준)	능력단위요소	수 준
1203010502_13v1	승객 탑승 전 준비(3)	기내서비스용품 점검하기	3
		서비스 설비 및 기물 점검하기	3
		특별 서비스 요청사항 점검하기	3
1203010503_13v1	승객 탑승 및 이륙 전 서비스(3)	탑승위치 대기하기	3
		탑승권 재확인하기	3
		좌석 안내하기	3
		수하물 정리 지원하기	3
		특수 고객 지원하기	3
		탑승 환영 안내방송하기	3
1203010504_13v1	비행 중 서비스(3)	기내음료 제공하기	3
		기내식 제공하기	3
		기내 오락물 제공하기	3
		면세품 판매하기	3
		객실 상태 점검하기	3
1203010505_13v1	착륙 전 서비스(3)	입국 서류 배포 및 작성 지원하기	3
		기내용품 회수하기	3
		기내 서비스용품 및 면세품 재고 확인하기	3
		목적지 도착 안내방송하기	3
1203010506_13v1	착륙 후 서비스(3)	도착 안내방송하기	3
		승객 하기 지원하기	3
		특수 고객 지원하기	3
1203010507_13v1	승객 하기 후 관리(3)	유실물 점검하기	3
		잔류 승객 점검하기	3
		기내설비 점검하기	3
		기내용품 인수·인계하기	3
1203010508_13v1	응급환자 대처(3)	응급환자 발생상황 파악·보고하기	3
		응급환자 초기 대응하기	3
		응급환자 후속 관리하기	3
		환자 대처 상황 기록하기	3
1203010509_13v1	객실승무 관리(4)	객실 승무원별 근무 배정하기	3
		운항·객실 간 정보 공유하기	4
		불만승객 대처하기	4
		출·도착 서류 작성·관리하기	3
		객실서비스 관리하기	4

능력단위 소개 '승객 하기 후 관리'

분류번호 : 1203010507_13v1
능력단위 명칭 : 승객 하기 후 관리
능력단위 정의 : 여행 승객 하기 후 관리란 유실물 점검, 잔류 승객 점검, 기내 설비 점검, 기내용품 인계 · 인수를 수행하는 능력이다.

능력단위요소	수행 준거
1203010507_13v1.1 유실물 점검하기	1.1 객실 서비스 규정에 따라 승객 하기 후 유실물 점검을 최우선으로 하며, 상위 클래스일 경우 지상 조업 개시 전에 철저히 점검을 실시할 수 있다. 1.2 객실 서비스 규정에 따라 객실 수하물 선반(Overhead Bin)을 열어 육안으로 확인할 수 있다. 1.3 객실 서비스 규정에 의해 코트룸 및 승객 좌석 하단, 창 측, 승객 좌석 주머니(Seat Pocket) 등을 육안으로 점검할 수 있다. 1.4 객실 서비스 규정에 의해 유실물 발견시 상급자에게 보고하고 승무원은 최대한 빨리 승객에게 인계할 수 있다.
	【지식】 ● 객실 서비스 규정 이해 ● 도착지 공항의 유실물 처리 절차 이해
	【기술】 ● 유실물 취급 처리 기술 ● 유실물 절차에 따른 안내 기술 ● 외국어능력
	【태도】 ● 신속한 태도 ● 적극적인 태도 ● 정확성 유지
1203010507_13v1.2 잔류 승객 점검하기	2.1 객실 서비스 규정에 따라 밀폐 공간[화장실 및 벙커(Bunker)] 내 잔류 승객 여부를 점검할 수 있다. 2.2 객실 서비스 규정에 따라 각각의 승무원은 담당 존별로 결과를 구두로 보고할 수 있다. 2.3 객실 서비스 규정에 따라 잔류 승객을 조치할 수 있다.
	【지식】 ● 특수 고객 이해 ● 잔류승객 처리에 대한 지식 ● 공항 업무 이해
	【기술】 ● 특이 승객 대처능력 ● 대화능력 ● 상황판단능력

	【태도】	• 정중한 태도 • 적극적인 태도 • 단호함 유지
1203010507_13v1.3 기내 설비 점검하기		3.1 객실 서비스 규정에 따라 객실 내 장착되어 있는 모든 서비스 설비나 장비를 점검할 수 있다. 3.2 객실 서비스 규정에 따라 객실 설비나 장비를 점검 후 이상 유무를 보고할 수 있다. 3.3 객실 서비스 규정에 따라 객실 설비나 장비에 이상이 있을 경우 정비사에게 구두 전달하고 객실 설비장비 수리 요청서에 기록할 수 있다.
	【지식】	• 객실 서비스 규정 이해 • 객실 서비스 설비장비 이해 • 객실 서비스 설비장비 수리 요청서 이해
	【기술】	• 객실 설비장비 사용에 대한 능력 • 외국어능력 • 합리적 계산 및 정보파악능력 • 객실 설비장비 수리 요청서 작성 기술
	【태도】	• 주의력 있는 태도 • 꼼꼼한 태도 • 적극적인 태도
1203010507_13v1.4 기내용품 인수 · 인계하기		4.1 객실 서비스 규정에 따라 기내에 탑재된 서비스용품 및 면세품을 컴파트먼트(Compartment)에 넣고 봉인(Sealing)할 수 있다. 4.2 객실 서비스 규정에 따라 조리실(Galley) 담당자가 봉인(Sealing)한 후 인수인계서를 상호 점검할 수 있다. 4.3 객실 서비스 규정에 따라 지상 종업원과 봉인 확인 및 점검(seal to seal) 방법으로 인계 · 인수할 수 있다.
	【지식】	• 객실 서비스 규정 이해 • 서비스용품과 기내 판매품에 대한 지식 • 인수인계서에 대한 지식
	【기술】	• 실링 기술 • 안내 기술 • 수리 기술 • 외국어 구사능력
	【태도】	• 꼼꼼한 태도 • 정확성 유지 • 신속한 태도

자가진단표

| 1203010507_13v1 | | 승객 하기 후 관리 | | | | |

진단 영역	진단 문항	매우 미흡	미흡	보통	우수	매우 우수
유실물 점검하기	1. 나는 객실 서비스 규정에 따라 승객 하기 후 유실물 점검을 최우선으로 하며, 상위 클래스일 경우 지상 조업 개시 전에 철저히 점검을 실시할 수 있다.	①	②	③	④	⑤
	2. 나는 객실 서비스 규정에 따라 객실 수하물 선반(Overhead Bin)을 열어 육안으로 확인할 수 있다.	①	②	③	④	⑤
	3. 나는 객실 서비스 규정에 의해 코트 룸 및 승객 좌석 하단, 창 측, 승객 좌석 주머니(Seat Pocket) 등을 육안으로 점검할 수 있다.	①	②	③	④	⑤
	4. 나는 객실 서비스 규정에 의해 유실물 발견시 상급자에게 보고하고 승무원은 최대한 빨리 승객에게 인계할 수 있다.	①	②	③	④	⑤
잔류 승객 점검하기	1. 나는 객실 서비스 규정에 따라 밀폐 공간[화장실 및 벙커(Bunker)] 내 잔류 승객 여부를 점검할 수 있다.	①	②	③	④	⑤
	2. 나는 객실 서비스 규정에 따라 각각의 승무원은 담당 존별로 결과를 구두로 보고할 수 있다.	①	②	③	④	⑤
	3. 나는 객실 서비스 규정에 따라 잔류 승객을 조치할 수 있다.	①	②	③	④	⑤
기내 설비 점검하기	1. 나는 객실 서비스 규정에 따라 객실 내 장착되어 있는 모든 서비스 설비나 장비를 점검할 수 있다.	①	②	③	④	⑤
	2. 나는 객실 서비스 규정에 따라 객실 설비나 장비를 점검 후 이상 유무를 보고할 수 있다.	①	②	③	④	⑤
	3. 나는 객실 서비스 규정에 따라 객실 설비나 장비에 이상이 있을 경우 정비사에게 구두 전달하고 객실 설비장비 수리 요청서에 기록할 수 있다.	①	②	③	④	⑤
기내용품 인수·인계하기	1. 나는 객실 서비스 규정에 따라 기내에 탑재된 서비스용품 및 면세품을 컴파트먼트(Compartment)에 넣고 봉인(Sealing)할 수 있다.	①	②	③	④	⑤
	2. 나는 객실 서비스 규정에 따라 조리실(Galley) 담당자가 봉인(Sealing)한 후 인수인계서를 상호 점검할 수 있다	①	②	③	④	⑤
	3. 나는 객실 서비스 규정에 따라 지상 종업원과 봉인 확인 및 점검(seal to seal) 방법으로 인계·인수할 수 있다.	①	②	③	④	⑤

[진단결과]

진단 영역	문항 수	점수	점수 ÷ 문항 수
유실물 점검하기	4		
잔류 승객 점검하기	3		
기내 설비 점검하기	3		
기내용품 인수·인계하기	3		
합계	13		

☞ 자신의 점수를 문항 수로 나눈 값이 '3점' 이하에 해당하는 영역은 업무를 성공적으로 수행하는 데 요구되는 능력이 부족한 것으로 교육훈련이나 개인학습을 통한 개발이 필요함.

(인용출처 : NCS 홈페이지-항공객실서비스)

CONTENTS

머리말

국가직무능력

능력단위 소개 [승객 하기 후 관리]

Chapter 01 유실물 점검하기   2

01 승객 기내 휴대수하물 보관 가능 장소   4

02 기내 휴대수하물(Carry on Item)   5

03 기내 휴대수하물–좌석 예약 수하물   8

04 기내 휴대수하물 – 유모차   9

05 기내 휴대수하물 – 지팡이와 목발   10

06 기내 휴대수하물 – 유/소아 안전의자   10

07 기내 수하물 보관시 유의사항   10

Chapter 02 기내 유실물 점검절차   12

01 상위클래스 유실물 점검절차   14

02 상위클래스 승객 하기 후 점검   15

03 일반석 유실물 점검절차   16

04 일반석 승객 하기 후 점검   17

05 유실물 공통 점검장소 및 절차   17

Chapter 03 유실물 발견시 처리절차 30

01 객실승무원 직급 32

02 객실승무원의 직책별 임무 33

03 유실물 발견시 처리절차 36

Chapter 04 잔류 승객 점검하기 38

01 항공기 객실 구조 40

02 잔류 승객 점검 및 하기시 도움 필요한 승객 44

Chapter 05 기내 설비 점검하기 52

01 기내 설비 점검요령 54

02 CDLM-객실 설비장비 수리 요청서 73

Chapter 06 기내용품 인수, 인계 하기 78

01 기내용품 인수인계 80

02 해외공항 도착시 서비스용품과 기물 인수인계하는 방법 81

03 한국 도착시 서비스용품 및 기내 면세품 인계방법 85

04 해외공항 도착시 면세품(Duty free item)의 인계방법 87

05 기내 주류, 서비스 용품, 기내 면세품 봉인하는 데 사용하는
Seal이란? 89

CONTENTS

Chapter 07 승객 하기 후 디브리핑 실시하기   92

01 객실브리핑(Cabin Briefing)   94

02 합동브리핑(운항브리핑/Joint Briefing)   95

03 갤리브리핑(Galley Briefing)   95

04 디브리핑(Debriefing)   96

Chapter 08 부 록   100

객실승무원 해외국가 출입국하기   102

■ 참고문헌   105

승객 하기 후 관리

교재 활용법

본 교재의 학습 능률을 높이기 위해 NCS(국가직무능력표준, www.ncs.go.kr) 홈페이지 접속 후 ① 분야별 검색 ▶ ② 12번 항목 숙박, 여행, 오락(대분류) ▶ ③ 3번 항목 관광레저(중분류) ▶ ④ 1번 항목 여행서비스(소분류) ▶ ⑤ 5번 항목 항공객실서비스(세분류) 순으로 검색하면 나타나는 항공객실서비스 능력단위 페이지 내 기술되어 있는 "NCS 항공객실서비스 능력단위별 학습모듈"과 병행학습하면 우수한 학습효과를 얻을 수 있다.

능력단위정의	승객 하기 후 관리란 유실물 점검, 잔류 승객 점검, 기내 설비 점검, 기내용품 인수인계를 수행하는 능력이다.
학습목표	유실물 점검, 잔류 승객 점검, 기내 설비 점검, 기내용품 인수인계를 할 수 있다.
선수학습	객실 서비스 규정, 특수 고객, 공항 업무, 객실 구조, 객실 보고서 작성법, 휴대수하물, 객실 장비, 객실 설비, 세관 규정, 노선별 서비스 과정, 고객 응대, 기내 판매
핵심용어	객실 서비스 규정, 유실물 점검, 휴대수하물 보관, 하기 안내, 상위 클래스 서비스, 유실물 인계, 화장실, 벙커, 잔류 승객, 객실 설비, 객실 장비, 서비스용품, 서비스 기물, 객실일지, 봉인, 면세품

인용출처 : NCS 홈페이지-항공객실서비스

유실물
점검하기

1. 승객 기내 휴대수하물 보관 가능 장소

2. 기내 휴대수하물(Carry on Item)

3. 기내 휴대수하물 – 좌석 예약 수하물

4. 기내 휴대수하물 – 유모차

5. 기내 휴대수하물 – 지팡이와 목발

6. 기내 휴대수하물 – 유/소아 안전의자

7. 기내 수하물 보관시 유의사항

Chapter
01

유실물
점검하기

수행 준거

● 객실 서비스 규정에 따라 승객 하기 후 유실물 점검을 최우선으로 하며, 상위 클래스일 경우 지상 조업 개시 전에 철저히 점검을 실시할 수 있다.

● 객실 서비스 규정에 따라 객실 수하물 선반 (Overhead Bin)을 열어 육안으로 확인할 수 있다.

● 객실 서비스 규정에 의해 코트룸 및 승객 좌석 하단, 창 측, 승객 좌석 주머니(Seat Pocket) 등을 육안으로 점검할 수 있다.

● 객실 서비스 규정에 의해 유실물 발견시 상급자에게 보고하고 승무원은 최대한 빨리 승객에게 인계할 수 있다.

인용출처 : NCS 홈페이지-항공객실서비스

01 승객 기내 휴대수하물 보관 가능 장소

승객이 기내에 들어올 때 휴대한 휴대수하물(Carry on Item)은 객실 내 허가된 장소에만 보관할 수 있으며 허가된 장소란 아래와 같다.

● 수하물 선반(Overhead bin)

● 좌석 하단(Under the Seat)

● 외부 잠금장치가 있는 코트룸(Enclosed Coat Room)

수하물 선반(Overhead bin)

좌석하단(Under the seat)

잠금장치 있는 코트룸(Coat room)

02 기내 휴대수하물(Carry on Item)

에어 아시아 항공사의 기내 반입 수하물 규정

휴대수하물

각각의 승객은 기내용 캐리어 1개와 노트북 가방 1개 또는 핸드백 1개를 기내에 반입할 수 있습니다. 기내용 캐리어의 크기는 56 × 36 × 23cm를 초과할 수 없으며 무게는 7kg을 초과할 수 없습니다. 기내용 캐리어는 앞 좌석 아래 또는 머리 위 선반에 들어 갈 수 있는 크기여야 합니다.

36CM 23CM 56CM
기내용 캐리어 1개

그리고

노트북 가방 1개

둘 중 하나

핸드백(남성용/여성용) 1개

☑ 기내 반입 가능 품목

소형가방

노트북

약간의 화장품

코트

지팡이

소형악기

카메라

소형의약품

향수

작은 스프레이

1. 기내 휴대수하물/규격 초과 휴대수하물이란?

기내 휴대수하물이란 승객이 기내에 가지고 들어올 수 있는 수하물을 말하며 항공사/기내 클래스별로 약간의 차이가 날 수 있다. 국내 항공사인 대한항공의 경우 일등석과 비즈니스석 승객은 3면의 합이 115cm, 총 무게가 18kg, 수하물 2개가 허용되고 일반석 승객은 3면의 합이 115cm, 총 무게가 12kg, 수하물 1개를 기내에 가지고 들어올 수 있다. 비행 중 승객 개인의 휴대수하물의 보관과 책임은 해당 승객에게 있으며 분실이나 파손시 항공사는 책임을 지지 않는다.

규격 초과 휴대수하물이란 기내 휴대수하물의 무게와 크기가 초과되어 기내에 반입이 불가하고 화물칸으로 이동하여 탑재되어야 하는 수하물을 말한다. 일반적으로 승객이 체크인시 당연히 화물칸으로 처리되어야 하나 승객의 체크인 짐이 너무 많아 초과수하물 요금을 지불하게 되는 경우, 또는 도착 후 수하물을 찾는 데 일정 시간이 소요되므로 승객이 비용과 시간을 절약하기 위한 개인적인 이유로 기내에 반입하려는 물품을 말한다.

2. 규격 초과 휴대수하물 처리

❶ 객실승무원은 탑승 중 규격 초과 휴대수하물을 소지한 승객을 발견시 지상직원에게 고지하여 화물칸으로 이동될 수 있도록 하며 현금, 유가증권, 서류 등 중요한 물건은 본인이 직접 소지할 수 있도록 안내한다.

❷ 규격 초과 휴대수하물 중 유리, 컴퓨터, 액자 등 깨지기 쉬운 물건은 승객에게 직접 서명을 받아 'Fragile Tag^(깨지기 쉬운 물품)'를 붙여 운송하도록 하여야 한다.

❸ 기내 휴대수하물 처리규정에서 허용하는 규격 및 중량을 초과하는 수하물은 기내반입이 금지되며 해당 수하물은 일반 화물로 처리된다.

❹ 승객 탑승 중 지상직원과 객실승무원은 승객의 휴대수하물을 확인하고 초과 수하물 발견시 승객이 최종 목적지까지 일반 화물로 보내도록 조치한다.

승객의 짐에 붙이는 'Fragile Tag' – 깨지기 쉬운 물품

❺ 규격 초과 휴대수하물 처리시 반드시 해당 승객의 서명을 받아야 하며 서명된 서류는 지상직원과 해당승객이 각각 1부씩 보관하고 승객에게 규격 초과 휴대수하물을 화물칸에 탑재하였음을 증명하는 스티커를 발급한다.

승객이 항공기에 탑승 중 탑승구나 항공기 앞에서 지상직원/객실승무원에 의해 기내 휴대 초과 수하물이 발견되어 수하물 칸으로 해당짐이 조치된 후 발급하는 스티커. 승객은 해당 짐을 도착 후 수하물 찾는 곳(Baggage Claim Area)에서 찾는다.

❻ 규격 초과 휴대수하물은 항공기 지연의 원인이 되기도 한다. 따라서 승객 탑승 전 지상직원과 원활한 의사소통을 하여 사전에 발견하여 조치될 수 있도록 해야 하며 항공기 출발 지연을 방지하기 위해 지상직원과 면밀히 협조하여 즉각 조치될 수 있도록 한다.

초과 휴대수하물 처리절차

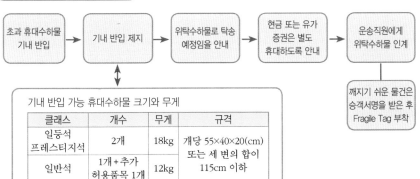

초과 휴대수하물 기내 반입 → 기내 반입 제지 → 위탁수하물로 탁송 예정임을 안내 → 현금 또는 유가 증권은 별도 휴대하도록 안내 → 운송직원에게 위탁수하물 인계

깨지기 쉬운 물건은 승객서명을 받은 후 Fragile Tag 부착

기내 반입 가능 휴대수하물 크기와 무게

클래스	개수	무게	규격
일등석 프레스티지석	2개	18kg	개당 55×40×20(cm) 또는 세 변의 합이 115cm 이하
일반석	1개 + 추가 허용품목 1개	12kg	

일반석 추가 허용품목 : 노트북 컴퓨터, 서류가방, 핸드백 등 중 1개
미국 출발편/국내선 연결편은 전 클래스 수하물 1개 및 추가 허용품목 1개로 제한
인도 출발편은 탑승 클래스와 관계없이 1개의 휴대수하물과 노트북 컴퓨터만 가능

☑ 휴대수하물 허용량 공고

좌석 등급	개수	총 무게
일등석 프레스티지석		18kg/40lb
일반석		12kg/26lb

부피와 무게가 초과된 수하물

가방 하나의 규격은 세 변의 합이 11.5cm/45in 이내어어야 하며, 각 변은 각각 A 40cm, B 20cm, C 55cm를 초과해서는 안됩니다.

❺ 규격 초과 휴대수하물 찾는 장소

항공기 탑승 전 객실승무원 또는 지상직원에 의해 화물칸으로 이동된 규격 초과 휴대수하물은 목적지 공항 도착 후 도착지 공항 직원에 의해 기내 또는 게이트(Gate)로 운반해 주는 것이 아니라 승객 자신이 수하물 찾는 곳(Baggage claim area)에서 해당 짐을 찾아야 한다.

항공기 도착 후 기내 휴대 초과 수하물 찾는 장소-Baggage claim area

✈ 03 기내 휴대수하물-좌석 예약 수하물

좌석 예약 수하물이란 휴대수하물의 규격을 초과하는 의료용 수송기구/악기류/좌석을 점유하는 외교행낭 등 부피가 큰 수하물을 수송하기 위하여 별도의

좌석을 구입한 수하물을 의미하고, 사전예약이 필요하며 무게 및 규격이 휴대
수하물 규정에 포함되지 않고 좌석당 75kg을 초과할 수 없다.

　좌석예약 휴대 수하물은 아래와 같이 보관한다.

- 기내보관 시 이탈방지 위해 좌석벨트를 사용하여 묶어야 한다.
- 좌석연장벨트(Extension belt)를 사용하여 좌석등받이에 추가로 고정해야 한다.
- 다른 승객에게 위해를 입히지 않도록 포장 되어야 한다.
- 비상구나 통로의 사용에 방해가 되지 않아야 한다.
- Fasten seatbelt sing과 비상구 표식을 가리지 않아야 한다.

| 악기류-첼로 | 의료용 수송기구 : 산소통 | 좌석 예약 휴대수하물을 묶을 수 있는 연장벨트 | 외교행낭 |

기내 휴대수하물 - 유모차

　아기를 운반하는 캐리어의 일종으로 완전히 접을 수 있는 유모차는 기내에
보관장소가 있는 경우에 한하여 객실 반입이 가능하며 보관장소로는 수하물 선
반(Overhead bin), 좌석열의 하단(Under the Seat), 고정장치가 있는 Enclosed Coatroom
에 한한다. 기내 보관장소에 충분한 공간이 없는 경우에는 승객에게 양해를 구
하고 지상직원에게 공지
후 화물칸에 탑재하여야
한다.(이러한 경우 유모차는 수하물
수취장소(Baggage claim area)에서 찾
는 것이 아니라 해당 승객이 어린이를
안전하게 옮길 수 있도록 도착지 공항
게이트로 유모차를 배달해 준다.

유모차의 경우 접을 수 있
는 유모차만 기내 보관장
소에 여유 있는 경우에 한
해 휴대수하물로 반입할
수 있다.

기내 휴대수하물 – 지팡이와 목발

지팡이의 경우 비상구 열이 아닌 창가 좌석 옆 객실 벽면 하단에 밀착시키거나 비상구 옆 좌석이 아닌 모든 좌석의 하단에 가로로 보관할 수 있으며 목발은 비상구 열 좌석이 아닌 창가 좌석 옆 객실 벽면 하단에 밀착시키거나 고정시킬 수 있는 코트룸 내에 보관 가능하다.

 기내 휴대수하물 – 유/소아 안전의자

항공사 제공 유/소아용 안전의자 장착된 모습

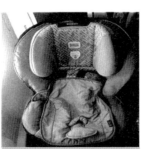

유/소아용 안전의자 내부

유/소아 안전의자 사용가능 좌석은 창가 좌석 또는 연결되어 있는 좌석열의 중앙 좌석이 가능하며 통로 측 좌석이나 비상구열 좌석 및 날개 위 비상구 좌석은 불가능하다. 대한항공에서는 승객의 편의를 위해 사전예약한 경우에 한하여 기내 전용 유/소아 안전의자를 제공하고 있다.

기내 수하물 보관시 유의사항

- 일반 코트룸(Coat room–문이나 그물망, 안전끈이 설치되어 있지 않은 코트룸)에는 코트와 옷걸이로 걸 수 있는 의류운반용 가방만 보관 가능하다.
- 일반 코트룸(Coat room)의 바닥에 수하물을 보관해야 하는 경우 안전끈을 설치하고 바닥의 허용중량을 준수해야 하며 수하물을 쌓아 놓아서는 안 된다.

- 빈 좌석에 수하물을 보관할 수 없다.

- 화장실에 수하물을 보관할 수 없다.

- 각 보관장소에 표시된 허용중량을 반드시 준수해야 한다.

- 기내휴대 수화물은 항공기의 지상 이동(Taxing) 및 이착륙 중에
  안전하게 보관 되어야 하고 비상상황 발생 시 승객의 비상탈출에 방해
  되지 않도록 비상구 주변에 방치해서는 안된다.

- 기내휴대 수화물은 승무원이 비상장비를 사용 하는데 방해가 되거나
  승객이 좌석착석 후 Seatbelt sign을 포함한 기내 안전표식을 보는데 있
  어서 시야를
  가려서는 안
  된다.

비행기의 모든 휴대물 보관장소에는 항공기 제작사에서 규정한 최대허용중량(Maximum allowance weight)이 기재 되어 있다.

Close and Secure Immediately When Not in Use.

Maximum Weight of Compartment Contents not to Exceed
80.0 lb / 36.3 kg

Rod Load Limit
30.0 lb / 13.6 kg

휴대수하물 보관장소에 붙어있는 최대허용중량(Maximum allowance weight)

A320 항공기 오버헤드빈에 붙어있는 최대허용중량(Maximum allowance weight)

B777-300 항공기 오버헤드빈에 붙어있는 최대허용중량(Maximum allowance weight)

코트룸(Coat room)에 붙어있는 최대허용중량(Maximum allowance weight)

기내 유실물
점검절차

1. 상위클래스 유실물 점검절차

2. 상위클래스 승객 하기 후 점검

3. 일반석 유실물 점검절차

4. 일반석 승객 하기 후 점검

5. 유실물 공통 점검장소 및 절차

Chapter
02

기내 유실물
점검절차

객실승무원은 담당구역 승객 하기 완료 후 객실 내 유실물 점검을 최우선으로 실시하여야 하며, 특히 상위클래스는 승객 하기 후 최단시간 내, 즉 지상 조업 개시 전 유실물 점검이 이루어져 유실물 발견시 즉시 승객에게 전달될 수 있도록 하여야 한다. 유실물 점검시에는 상위클래스 승객 하기 직후 수하물 선반(오버헤드빈) ▶ 좌석 하단 ▶ Seat pocket ▶ 좌석 팔걸이 옆 물품보관소 ▶ 코트룸 ▶ 잡지꽂이 ▶ 상위클래스와 일반석 분리용 벽면 주변 ▶ 화장실 ▶ 기내 복도를 먼저 점검하여야 하며, 일반석인 경우 일반석 승객 하기 후 일반석 후방에서 전방으로 진행하며 일반석 좌석 ▶ Seat pocket ▶좌석 하단 ▶ 오버헤드빈 ▶ 코트룸 ▶ 잡지꽂이 ▶ 화장실 ▶ 승무원 휴게실 ▶ 갤리 내 냉장고 ▶ 기내 복도를 순차적으로 점검한다.

 01 상위클래스 유실물 점검절차

수하물 선반

좌석 하단

Seat Pocket	팔걸이옆 물품보관소	코트룸	
잡지꽂이	상위클래스와 일반석 분리용 벽면 주변	화장실	복도

02 상위클래스 승객 하기 후 점검

- 상위클래스 승객이 하기한 후 최단시간 내 담당승무원은 즉시 유실물 점
  검을 시작한다.
- 수하물 선반(Overhead bin)을 모두 개방한 후 육안으로 확인한다.
- 좌석 위로 신발을 벗고 올라서서 수하물 선반 안쪽 깊숙한 곳까지 육안으
  로 확인한다.
- 상위클래스 전용 코트룸(Coat room) 안쪽까지 점검한다.
- 비행 중 보관하였던 휴대수하물을 승객에게 정확히 반환하였는지 승무원
  상호 간 재확인한다.
- 승객 좌석 하단과 객실 벽면을 확인하고 좌석 주머니 속은 육안과 손을 직
  접 넣어 확인한다.
- 좌석 위의 담요, 베개를 정리하며 좌석 위쪽이나 팔 받침대(Armrest) 안쪽에
  유실물이 떨어져 있는지 점검한다.

● 잡지꽂이(Magazine rack) 안쪽을 확인하며 하기용품이나 기타 불필요한 물품이 남아있는지 육안으로 확인한다.

● 객실사무장/캐빈매니저는 최종적으로 기내를 순시하여 이상 유무를 확인한다.

 일반석 유실물 점검절차

일반석 좌석 → 좌석 앞 주머니 → 좌석 하단 →

수하물 선반 → 코트룸 → 잡지꽂이 →

화장실 → 승무원 휴게실 → 갤리 냉장고 →

일반석 복도

일반석 승객 하기 후 점검

- 객실 뒤쪽 승무원 좌석에 착석한 객실승무원의 경우 승객이 하기시 객실뒤편에서 앞쪽으로 나오면서 객실의 모든 수하물 선반(Overhead bin)을 열어야 한다.

- 좌석위로 올라서서 수하물 선반(Overhead bin) 안쪽의 유실물을 확인하며 수하물 선반에 남겨진 신문이나 기타 서비스용품을 모두 꺼내어 확인한다.

- 좌석위에 있는 담요나 베개 등을 정리하며 유실물을 육안으로 확인한다.

- 객실 바닥이나 객실 벽면 좌석 하단(Seat pocket)을 점검하며 유실물의 여부를 확인하고 좌석 주머니 속은 직접 손을 넣어 촉수점검을 한다.

- 유실물 점검을 하며 객실 앞쪽으로 나오면서 도어 슬라이드 모드(Door slide mode)가 정상위치에 정확히 놓여져 있는지 확인한다.

- 객실 구역별 분리 칸막이 사이나 좌석 사이도 점검한다.

- 기내 판매시 사용하는 쇼핑백의 내부도 승객에게 전달되지 않은 면세품이 남아있을 수 있으므로 철저히 점검한다.

- 일반석 내 잡지꽂이(Magazine rack)를 점검하고 잡지는 정리하여 가방에 넣어 봉인한다.

- 객실사무장/캐빈매니저는 최종적으로 기내를 순시하여 이상 유무를 확인한다.

 유실물 공통 점검장소 및 절차

일반적으로 승객 하기 후 상위클래스/일반석에서 공통적으로 실시하는 기내 각 장소의 유실물 점검은 다음과 같다.

1. 오버헤드빈(Overhead Bin)

완전히 열어서 내부를 육안으로 확인하여야 하며 보통 오버헤드빈은 승무원의 신장보다 높은 곳에 위치하여 한눈에 내부 상황을 파악하기 어려운 점이 있다. 이때는 기내화를 벗고 좌석 위로 올라가서 확인하는 습관을 가져야 한다.

요즘 제작되는 항공기에는 승무원이 한눈에 내부 상황을 파악할 수 있도록 내부에 거울이 장착되어 있다.

A320 항공기의 오버헤드빈 내부 모습. 승무원의 키높이 보다 높아 내부 하단 모습이 한눈에 들어오지 않는다.

신형기에 장착된 거울모습. 거울을 통해 오버헤드빈 밑 바닥까지 한번에 점검할 수 있다.

2. 코트룸(Coat Room)

코트룸 점검을 위한 조 명등 스위치. 한 번 누르 면 조명이 켜지고 다시 누르면 꺼지는 타입으로 되어 있다.

완전히 열어서 내부를 육안으로 확인한 후 열어 놓은 도어는 다시 원위치로 닫아 놓아야 하며 보통 코트룸 안쪽은 빛이 안들어 오기 때문에 어두운 경우가 많아 사용 승무원의 편의를 위해 조명 등이 설치되어 있다. 따라서 내부를 점검할 때에는 반드시 조명등을 켜고 구석구석 빠짐없이 점검하여야 한다.

3. 화장실(Lavatory)

완전히 열어서 내부를 육안으로 확인
한다.

이곳 거울의 뒷면이 화
장실 용품의 보관소로
사용된다.

❶ 기종별 화장실의 개수

항공사별/항공기별 다르게 설치되어

있지만 KE 항공사 기준으로 설명하면 아래와 같다.

A380 : 13개 (최대 좌석 수-407석)

B747-400 : 14개(최대 좌석 수-365석)

B777 : 12개 (최대 좌석 수-338석)

B737 : 3개(최대 좌석 수-159석)

A330 : 9개(최대 좌석 수-276석)

CRJ 200 : 1개(최대 좌석 수-50석)

CRJ 300 : 1개(최대 좌석 수-약 50~70석)

❷ 화장실 문(DOOR)의 구조

항공기별 화장실의 개수는 1~14개 정도가 모든 기종별 항공기에 설치되어 있으며 화장실 문은 접히는 형태(Byfold type)와 접히지 않는 형태(Solid Type)의 두 가지 형태로 제작 되어 있고 기종마다 클래스의 특성상 두 가지를 혼용하여 설치 되어 있다. 따라서 비정상적인 이유로 화장실 문이 열리지 않을 때 아래와 같은 방법으로 화장실 문을 강제로 열 수 있으며 또한 강제로 폐쇄할 수도 있다. 사진과 함께 설명하도록 한다.

접히는 형태의 화장실 문은 가운데 부분을 밀면 이곳이 안쪽으로 들어가며 접히면서 문이 열린다.

A380 항공기 접히는 형태의 화장실 문

B737 항공기 접히지 않는 형태의 화장실 문

가운데 접히는 부분이 없어서 문이 접히지 않으며 아래의 손잡이를 오른쪽으로 돌린 후 당겨서 연다.

☑ 접히는 형태(Byfold type)의 화장실 문

화장실 문 앞쪽 중단에 보면 왼쪽(닫힘, Occupied), 오른쪽(열림, Vacant)으로 밀 수 있는 손잡이가 달려 있고 바로 위에 철제 스테인리스 뚜껑이 설치되어 있다. 따라서 문을 강제로 열어야 할 상황이 발생하면 이 철제뚜껑을 위로 들어 올리면 황동색 금속 손잡이가 나타나는데 이 손잡이를 열림 방향으로 밀면 화장실 문을 외부에서 열 수 있게 된다.

상기의 방법으로 문이 열리지 않을 경우는 두 가지로 예상해 볼 수 있다.

첫째 승객이 화장실 내부에서 손잡이를 당기고 있는 경우

둘째 화장실 내부 부품(쓰레기통)이 밖으로 튀어나와 문이 접히는 것을 방해하고 있는 경우이다.

이러한 경우에는 화장실 문을 분리할 수밖에 없는데 방법은 화장실 경첩부분

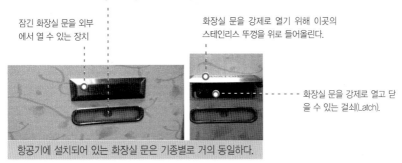

화장실 사용가능상태를 보여주는
상태표시창. 현재 사용 가능하다.

잠긴 화장실 문을 외부
에서 열 수 있는 장치

화장실 문을 강제로 열기 위해 이곳의
스테인리스 뚜껑을 위로 들어올린다.

화장실 문을 강제로 열고 닫
을 수 있는 걸쇠(Latch).

항공기에 설치되어 있는 화장실 문은 기종별로 거의 동일하다.

의 윗부분 걸쇠를 내리고 아랫부분 걸쇠를 들어 올리면 화장실 문이 통째로 분리된다.

☑ 접히지 않는 형태(Solid Type)의 화장실 문

화장실 문 앞쪽 중단에 보면 왼쪽(닫힘. Occupied), 오른쪽(열림. Vacant)으로 밀 수 있는 손잡이가 달려 있고 바로 위에 철제 뚜껑이 설치되어 있다. 따라서 문을 강제로 열어야 할 상황이 발생하면 이 철제 스테인리스 뚜껑을 위로 들어 올리면 황동색 금속 손잡이가 나타나는데 이 손잡이를 열림 방향으로 밀면 화장실 문을 외부에서 열 수 있게 된다.

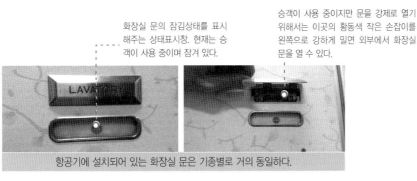

화장실 문의 잠김상태를 표시
해주는 상태표시창. 현재는 승
객이 사용 중이며 잠겨 있다.

승객이 사용 중이지만 문을 강제로 열기
위해서는 이곳의 황동색 작은 손잡이를
왼쪽으로 강하게 밀면 외부에서 화장실
문을 열 수 있다.

LAVATORY

항공기에 설치되어 있는 화장실 문은 기종별로 거의 동일하다.

상기의 방법으로도 문이 열리지 않는다면 화장실 손잡이를 아주 강하게 오른쪽으로 돌리고 문과 잠금장치가 분리될 정도로 오른쪽으로 힘차게 밀면 접히지 않는 형태(Solid Type)의 화장실 문이 열린다.

일반적으로 접히지 않는 형태(Solid Type)의 화장실 문은 분리할 수 없게 제작되어져 있지만 극히 일부 항공기에서는 걸쇠를 분리시켜 문을 통째로 떼어내기도 한다.

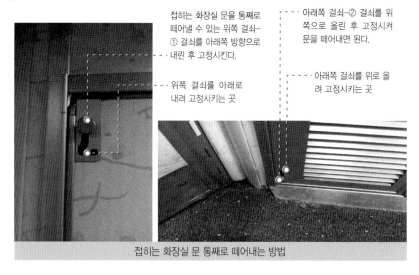

접히는 화장실 문을 통째로 떼어낼 수 있는 위쪽 걸쇠-① 걸쇠를 아래쪽 방향으로 내린 후 고정시킨다.

위쪽 걸쇠를 아래로 내려 고정시키는 곳

아래쪽 걸쇠-② 걸쇠를 위쪽으로 올린 후 고정시켜 문을 떼어내면 된다.

아래쪽 걸쇠를 위로 올려 고정시키는 곳

접히는 화장실 문 통째로 떼어내는 방법

★ 접히는 형태의 화장실 문을 통째로 떼어내기 위해서 ①번을 먼저 시행하고 ②번을 시행한 후 바깥쪽으로 문을 들어내면 된다. 조립은 탈거의 역순으로 시행한다.

★ 화장실 문을 강제로 열고 닫는 행위나 화장실 문을 통째로 분리해내는 행위는 객실안전 및 보안, 그리고 정비적인 문제로 꼭 필요시에만 시행하며 지상에서는 객실정비사/비행 중인 경우 선임승무원에 의해서 시행되어야 한다.

★ 비행 중 해당 화장실이 사용 불가능할 정도로 고장났거나 기술, 안전 및 보안상의 이유로 폐쇄하여야 할 경우 승객이 인지할 수 있도록 아래의 고장표식을 화장실 문앞에 붙여야 한다. 이후 객실사무장/캐빈매니저에게 보고하고 도착 전 객실정비기록부에 기록하여 도착 후 지상에서 정비사에 의해 수리될 수 있도록 한다.

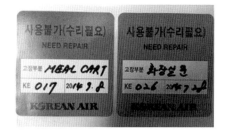

4. 벙크(Bunk 승무원 휴식공간-CRA, Crew Rest Area)

10시간 이상의 장거리 비행시 승무원의 꿀 같은 휴식공간으로 출입문은 항상 잠겨 있어야 하며 이/착륙 및 Taxing 중에는 사용이 불가하다. 승무원 휴식공간인 벙크(Bunk)에는 긴급사태시 탈출을 위한 비상구(Emergency Hatch)와 각종 물건을 보관하기 위한 보관장소(Compartment)가 있어 승객 하기 후 불법으로 입국하고자 하는 승객이 체류할 수 있는 가능성이 있다. 따라서 벙크 담당 승무원은 내부뿐만 아니라 비상탈출구와 보관장소 내부까지 철저히 점검해야 한다.

B747-400 항공기 CRA, BUNK, 승무원 휴식공간

참고로 2013년 중국인 승객이 국내 항공사 미국행 비행기에서 Bunk에 숨어 지내다 적발된 사례가 있다.

승무원 휴식공간(BUNK, CRA)에는 그림과 같은 공간이 있어 잔류 승객이나 비행에 불필요한 물건이 잔류할 수 있으니 꼼꼼한 점검을 요한다.

5. 승객 좌석 앞주머니 Seat pocket

Seat pocket은 좌석별로 장착되어 있어 담당승무원이 일일이 점검하기가 매우 곤란한 곳으로 정평 나 있으며 국가의 항공보안등급 발령에 따라 부분적/전부를 객실승무원이 점검하여야 한다. 일반적으로 기내 미화 인력에 의해 점검하게 되는데 기내 미화를 담당하는 인력도 Seat pocket에 꽂혀있는 잡지에 많은 신경을 쓰기 때문에 내부 제일 안쪽까지 점검하기가 쉽지 않다고 생각된다. 또한 Seat pocket 입구는 탄성이 있는 물체로 닫혀 있어서 손을 넣기도 불편한 상황이다. 하지만 불순한 마음을 가진 승객이 좌석 앞주머니 속에 폭발성 물질을 넣고 그냥 하기해 버린다면 상당히 심각한 상황이 전개되므로 조금 불편하더라도 일일이 점검하는 것을 습관화하는 것이 바람직하다.

이곳이 Seat pocket 이며 승객하기 후 점검시 내부까지 손을 넣어서 점검해야 한다.

6. 상위클래스 좌석 팔걸이 옆 물품보관소(Armrest Side Compartment)

대형기 상위클래스 승객에게는 물품을 보관할 수 있는 장소가 오버헤드빈 (Overhead bin), 코트룸(Coat room), 좌석 포켓(Seat pocket), 좌석 하단(Under the seat) 외 팔걸이(Armrest) 옆에 설치된 보관장소가 한 군데 더 있다. Armrest Side Compartment 는 팔걸이 옆에 위치하며 상위클래스 승객의 편의를 위해 개인휴대물품, 간편한 옷, 전자기기, 휴대폰 등 소품을 비행 중 보관할 수 있으나 승객이 장거리 비행을 마치고 목적지 도착 후 항공기에서 하기할 때 깜박 잊고 좌석 팔걸이 옆 물품보관소를 간과하여 지나치는 경우가 발생하여 많은 물품을 두고 가곤 한다. 따라서 상위클래스 승무원은 승객의 하기 직후 좌석 팔걸이 옆 물품보관소를 열어보아 유실물 여부를 파악하여야 한다.

일등석 좌석의 경우 이 곳을 열면 깊은 공간이 나오며 옷가지, 전자기기 등을 보관할 수 있다.

A380 일등석 좌석 모습

비즈니스 클래스 좌석인 경우 이곳이 비교적 깊게 파여있어 휴대폰 및 기타 용품을 많이 두고 가는 곳이다.

A380 이층 비즈니스 클래스 좌석 모습

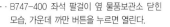
B747-400 좌석 팔걸이 옆 물품보관소 닫힌
모습. 가운데 까만 버튼을 누르면 열린다.

좌석 팔걸이 옆 물품보관소
개폐 버튼

B747-400 좌석 팔걸이 옆 물품보관소 열린 모습. 이곳에
유실물이 많이 발견된다. 보기보다 깊이가 있다.

B747-400 이층 비즈니스 클래스 좌석 모습

7. 좌석 하단(Under the Seat)

승객 하기 후 좌석 하단에는 비행 중 승객이 사용한 여러 가지 쓰레기로 가득
하게 된다. 따라서 승무원은 좌석 열 단위로 고개 숙여 좌석 하단에 유실물을
점검하여야 하며 빈 박스와 버리는 용품, 유실물을 구분하여 발견 시 보고하여
야 한다. 특히 좌석 하단의 구명복을 넣는 구명복 케이스 내부는 가장 취약한
장소이므로 입구가 벌어져 있거나 승객의 손이 닿은 것으로 추정되는 구명복
케이스는 꼼꼼히 점검하는 것이 바람직하다.

좌석 하단 내부는 물건을 보관하고 발을 뻗을 수 있
는 공간이 있어 유실물이 남아있을 경우가 많다.

각 좌석 하단에 설치되어
있는 구명복 보관케이스
는 점검의 사각지대이므
로 승객 하기 후 철저한
점검이 필요하다.

B777 항공기 좌석 하단 모습

8. 잡지꽂이(Magazine Rack)

　상위클래스와 일반석에 모두 비치되어 있으며 주로 각 클래스의 제일 후방에 설치되어 있다. 승객 탑승 전 객실승무원은 이곳에 잡지백(Magazine Bag)에서 각종 잡지를 꺼내어 세팅하고 승객 하기 후 기세팅한 잡지를 다시 잡지백에 넣어 보관하게 된다. 일반적으로 잡지꽂이는 승객과 승무원의 시선보다 약간 높은 위치에 설치되므로 좌석 위에 올라가서 내부를 들여다 보거나 손을 넣어 내부를 촉수하여 점검하지 않는 이상 잡지꽂이 내부를 확인하기 쉽지 않다. 따라서 이러한 취약점을 이용하는 불온한 승객으로 하여금 흥미를 유발할 수도 있으므로 승객 완전 하기 후 상기에 언급한 두 가지 방법을 사용하여 잡지꽂이를 점검하는 것을 매우 권장하고 싶다.

상위클래스 잡지꽂이와 일반석의 잡지꽂이는 기본적으로 동일하다.

상위클래스 잡지꽂이, Magazine Rack

일반석 잡지꽂이, Magazine Rack

승객 하기 후 승무원은 이곳 보이지 않는 내부를 점검하여야 한다. 대부분 승무원의 눈높이보다 높게 위치해 있어 높은 곳에서 보거나 손을 넣어 촉수점검을 진행한다.

9. 면세품 가방 하단(Duty Free Bag)

　비행 중 식사 서비스 후 기내 판매 서비스를 진행하게 되는데 이때 면세품을 구입한 승객의 편리를 위해 기내에서 비닐로 만든 면세품백을 제공하게 된다. 이러한 면세품 비닐백은 잡지백/헤드폰백과 마찬가지로 천으로 만든 큰 면세품 비닐가방 보관백에 일괄적으로 탑재되어 비행 전 기내 판매 탑재인력에 의해 탑재되고 비행 후 역시 기판 탑재인력에 의해 하기하게 된다. 비행 중 기내 판매시 승객에게 면세품을 전달하기 위해 많은 승무원이 면세품 비닐가방 보관백을 열고 닫는 동작을 반복하면서 자기도 모르게 고가의 기내 면세품을 면세품 비닐가방 보관백에 빠뜨리는 경우도 종종 있으므로 승객 하기 후 이러한 종류의 Bag^(잡지백/면세품 비닐가방 보관백/헤드폰백)을 다시 한 번 철저히 점검하여 불미스러운 사례를 조기 예방하는 것이 합리적이라 생각한다.

기내 판매 후 승객에게 제공하는 물건 담는 봉투

기내 판매품 비닐봉투를 보관하는 보관박스. 이곳에 면세품들 기타 물품이 있을 수 있어 승객 하기 후 꼼꼼한 점검절차가 수행되어야 한다.

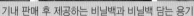

기내 판매 후 제공하는 비닐백과 비닐백 담는 용기

이어폰 회수백. 이곳에서도 기내회수용 서비스 아이템 및 유실물이 발견된 적이 있다.

10. 좌석 클래스 분리용 벽면 근처^(Around Class Wall Divider)

항공기 내에서 제일 어둡고 승객/승무원의 눈에 안 띄는 장소라 할 수 있다. 일반적으로 이곳에는 상위클래스인 경우 항공기 보안장비를 보관하며 일반석인 경우 승무원백^(Crew bag), 잡지백, 면세품 비닐가방 보관백, 헤드폰백^(Headphone bag)을 보관하게 되는데 아이러니하게도 승객의 유실물보다는 승무원의 유실물이 많이 발견되는 장소이기도 하다.

승객의 유실물이 발견되는 경우는 승무원이 승객으로부터 물건 보관을 의뢰받은 후 오버헤드빈, 코트룸에 보관하여야 하나 다른 승객의 짐으로 가득 차 있어 보관장소가 마땅치 않아 어쩔 수 없이 좌석별 분리용 벽면 근처에 넣어 놓고 보관한 객실승무원의 눈에 띄지 않아 깜박 잊어버리는 경우가 발생하는 경우이다.

따라서 승객의 짐을 보관한 객실승무원은 해당 클래스 다른 승무원과 짐보관장소를 반드시 공유해야 하며 좌석 클래스 분리용 벽면 근처는 승객 하기 후 유실물 점검시 잊지 않고 꼭 점검해야 될 장소 중 하나이다.

비즈니스 좌석과 일반석을 분리해 주는 좌석 클래스 분리용 벽면

위쪽 사진 좌석 클래스 분리용 벽면 뒤쪽 하단 모습. 이곳에서 다량의 승객, 승무원의 유실물이 발견된다.

B737 비즈니스 클래스와 일반석을 분리하는 벽면과 커튼

일반석 제일 뒷열 좌석 뒤편 하단 모습. 현재는 깨끗하게 청소된 상태이나 비행 후 이곳도 역시 승객 및 승무원의 많은 유실물이 발견되는 곳이다.

일반석 뒤편 화장실 벽면

비즈니스와 일반석 좌석클래스 분리용 벽면 뒤편 하단 모습. 사진과 같이 기내 판매용 비닐백을 비롯하여 여러 가지 물건이 뒤섞여 있다.

11. 갤리 내 냉장고(Refrigerator in Galley)

승객이 갤리 내 냉장고에 물건을 두고 가는 경우는 승무원에게 냉장보관 부탁을 한 물품을 승무원도 잊고 승객도 잊은 경우로 볼 수 있으며 저자의 경험상 품목을 보면 대부분 고가의 물품에 속한다. 냉장고 유실물 유형은 펜 타입 인슐린 주사(Pen Type Insulin Injector), 고가의 캐비어(Caviar), 아기 액상분유가 들은 우유통, 그외 냉장용 샘플이다. 따라서 승객으로부터 물품의 냉장부탁을 받는 경우 펜 타입 인슐린(Pen type insulin)을 제외한 모든 개인물품은 승객에게 양해를 구한 뒤 기내백에 얼음을 채워 다시 승객 스스로 보관할 수 있도록 권유해야 한다.

펜 타입 인슐린(Pen type insulin)을 보관하였을 경우 주위 승무원과 해당 사안에 대해 정보공유를 하여 착륙준비 전 해당 물품을 승객에게 전해주는 것이 제일 안전한 방법이며 많은 기내업무 때문에 제대로 전달하지 못했다면 승객 하기 직후 제일 먼저 갤리의 냉장고를 열어보아 승객의 유실물 여부를 확인하여야 한다.

--- 갤리 정보 공유 메모지

--- 갤리에 설치되어 있는 냉
장고 모습. 냉장보관 물품
을 받았을 경우 반드시 주
위 승무원과 정보를 공유
해야 한다.

B777 갤리 내 냉장고 모습

--- 냉장고 내부에 보관하게
되면 장시간 비행 동안 다
른 승무원이 냉장고를 사
용하게 되며 보관물품의
위치가 바뀌게 된다. 따라
서 크고 정확한 표식이 요
구된다.

B777 냉장고 내부 모습

당뇨병 환자용 펜타입 인슐린 주사기
직사광선 피해 2~8도에 보관

캐비어

아기용액상분유

유실물
발견시
처리절차

1. 객실승무원 직급

2. 객실승무원의 직책별 임무

3. 유실물 발견시 처리절차

Chapter
03

유실물 발견시 처리절차

 01 객실승무원 직급

　객실승무원의 직급은 항공사별로 차이가 있지만 일반적으로 대형 항공사에서는 총 7~10단계로 구성되어 있으며 항공업무의 특징을 감안하여 각 직급의 호칭은 항공사 간 차이가 있을 수 있다.

✈ KE

직급	구분	승급기간
상무대우 수석사무장 VP	상무대우-Vice President purser	NONE
수석사무장 CP	1급 Chief Purser	NONE
선임사무장 SP	2급 Senior Purser	4년
사무장 PS	3급 Purser	4년
부사무장 AP	4급 Assistant Purser	3년
남, 여 승무원 SD/SS	5급 STWD/STWS	3년
여승무원 SS	6급 인턴 여승무원	2년

✈ OZ

직급	구분	승급기간
캐빈 서비스 담당임원	임원	23년차 이상
수석매니저	Chief Purser	18년차 이상
선임매니저	Sr Purser	13~17년차
캐빈매니저	Purser	8~12년차
부사무장	Assistant Purser	4~7년차
퍼스트 선임여승무원	Fs Sr STWS	6~7년차
비즈니스 선임여승무원	Bs Sr STWS	4~5년차
시니어 여승무원	Sr STWS	2~3년차
주니어 여승무원	Jr STWS	1년차
수습 여승무원	Intern STWS	1년

노선별 객실승무원의 직책구성

- **International Flight** : 객실사무장(캐빈매니저), 부사무장, 일반승무원, 현지 여승무원(Regional stws)
- **Domestic Flight** : 객실사무장(캐빈매니저), 일반승무원

02 객실승무원의 직책별 임무

객실승무원 임무는 승객의 안전성 확보 및 쾌적성 유지이고 승객에게 최상의 서비스가 제공될 수 있도록 만전을 기해야 하며 항공기 안전운항을 위해서 운항승무원과 협조하여 비행 중의 승객안전과 비상시 비상탈출에 관여된 업무를 수행하여야 한다.

1. 일반 승무원 직책별 업무(인턴~대리급, 현지 여승무원 포함)

국내 각 항공사 객실승무원 업무교범 및 서비스교범에 명시된 객실승무원 표준업무사항을 수행한다. 일반 승무원은 상위클래스 및 일반석 서비스와 안전을 담당한다.

☑ **현지 여승무원**(Regional stewardess)**이란?**

중국 현지 여승무원 모습

국가별 취항지에 거주하는 현지에서 여승무원을 채용하여 비행 전/중/후 객실에서 통역 및 기내 서비스를 담당하는 객실승무원을 말하며 채용은 취항지 지점에서 면접을 통하여 채용한다. 계약기간 동안 비행근무하며 채용기준은 모기지 여승무원과 동일하고 승급 역시 국내 여승무원과 특별한 차이는 두지 않고 있다. 급여는 현지물가를 기준으로 하여 제공하며 서울이나 해외에 체류 시 출장비(Perdium) 역시 모기지 여승무원과 동일하다.

대표적인 현지 여승무원 채용국가는 중국/일본/태국/인도네시아/싱가포르/러시아에서 채용하여 비행근무하게 하며 항공사별 전담 그룹을 만들어 근무평가 및 승급을 관리하고 있다.

줄임말로 R/S(Regional stewardess)라고 부르기도 한다.

2. 객실 부사무장 직책별 업무(대리~과장급)

일반 승무원과 거의 비슷한 업무를 수행하나 비행 전/중/후 객실사무장/캐빈매니저를 보좌하고 비행 중 객실사무장/캐빈매니저의 임무수행이 불가능한 경우에는 업무를 대신할 수 있다. 상위클래스 및 일반석 서비스 업무를 관장한다.

- 객실사무장, 캐빈매니저의 업무를 보좌한다.
- 객실사무장, 캐빈매니저의 업무수행이 불가능할 경우 업무를 대행한다.
- 객실브리핑을 준비하고 입·출항 절차를 점검한다.
- 객실승무원의 비행 준비 상태를 확인한다.
- 일반석 서비스를 총괄한다.
- 서비스용품의 탑재 확인 및 보고, 입국서류 배포 및 작성 지원을 확인한다.
- 도착 전 면세품, 보세품 보관 및 봉인(sealing) 상태 확인 및 보고를 한다.
- 비행 종료 후 기내 유실물, 분실물의 확인 및 보고를 한다.

인용출처 : ncs 항공객실서비스-학습모듈 "승객 하기 후 관리"

객실사무장/캐빈매니저 직책별 업무(차장~상무급)

☑ 사진으로 이해하는 객실사무장, 캐빈매니저 지상/기내 업무절차

아래의 사진 외 많은 절차가 있는데 주요한 업무만 사진에 담음

비행 전 출근	객실브리핑 준비	브리핑 전 구내식당 식사	객실브리핑
브리핑 후 회사 출발	기내 안전 점검	기내 설비 점검	기내 보안 점검
기내 서류 점검	기내 탑재완료 서명	기내 설비완료 서명	기장 보고
이륙 전 점검	이륙 후 점검	서비스 시행	서비스 후 휴식
기내 식사	항공기 도착 후 점검	수하물 수취	해외 호텔로 감

객실사무장/캐빈매니저란? 각 항공사별로 객실승무원의 근무연한과 사무장/캐빈매니저의 훈련을 통해 지정된 인원으로 함께 비행하는 승무원의 업무를 공평하게 배정하고 매 비행시 객실브리핑을 주관하며 객실 서비스와 안전을 총괄하는 일정 직급 이상의 객실승무원을 말한다.

비행 전/중/후 항공기 내 기내 서비스와 안전을 지휘하고 훈련 및 평가하는 업무를 관장한다.

- 객실사무장은 객실브리핑을 주관한다.
- 해당 편 서비스의 방향 제시 및 필요한 정보를 전달한다.
- 해당 편 객실승무원의 업무(duty)를 배정한다.
- 업무는 객실승무원의 직책, 경력, 지격 등을 고려하여 배정한다.
- 비행의 전반적인 객실 서비스의 진행 및 관리 감독을 한다.

> 인용출처 : ncs 항공객실서비스–학습모듈 "승객 하기 후 관리"

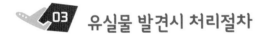

03 유실물 발견시 처리절차

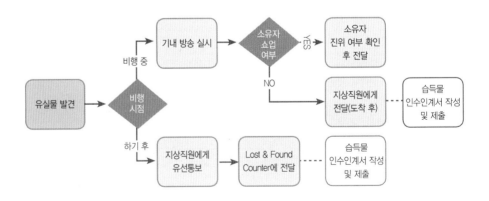

❶ 객실사무장/캐빈매니저에게 신속히 보고한다.

❷ 유실물은 최대한 빨리 승객에게 인계하는 것을 원칙으로 한다.

❸ 승객이 이미 청사로 이동하였을 경우 직접 전달은 불가하며 객실사무장/

캐빈매니저가 지상직원에게 유실물의 내용 및 승객인적사항을 통보하여
지상직원이 Baggage Claim Area에서 승객 Paging을 실시한다.

❹ 유실물을 지상직원에게 인계시 습득물 인수인계서 작성 후 원본 1부를 유
실물과 함께 인계한다.

❺ 유실물의 내용, 형태, 개수, 발견장소, 인계 운송직원의 인적사항 등을 사
무장 운항 보고서(Purser's flight report)에 기록한다.

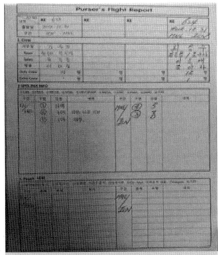

습득물 인수인계서

사무장 운항 보고서–Purser's flight report – 앞면

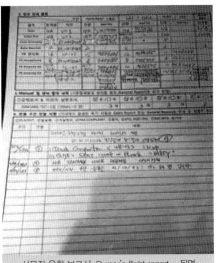

사무장 운항 보고서–Purser's flight report – 뒷면

잔류 승객
점검하기

1. 항공기 객실 구조

2. 잔류 승객 점검 및 하기시 도움 필요한 승객

Chapter

04

잔류 승객
점검하기

수행
준거

● 객실 서비스 규정에 따라 밀폐 공간(화장실 및 벙커(Bunker)) 내 잔류 승객 여부를 점검할 수 있다.

● 객실 서비스규정에 따라 각각의 승무원은 담당 존별로 결과를 구두로 보고할 수 있다.

● 객실 서비스 규정에 따라 잔류승객을 조치할 수 있다.

인용출처 : NCS 홈페이지–항공객실서비스

 항공기 객실 구조

항공기의 종류 및 항공사에 따라 객실 구조는 약간 다르게 배치되어 있다. 항공사에서 운영되고 있는 항공기 기종별 좌석, 화장실, 갤리의 배치도를 보면 아래와 같으며 완벽한 잔류 승객 점검을 위해 수행 순서는

● 항공기 구조를 이해하고 화장실의 위치 및 개수 그리고 벙크(Bunk-승무원 휴게시설) 장착의 유무를 파악할 수 있어야 하며

● 승객 하기 후 항공기 내 점검 요령을 알고 잔류 승객을 점검할 수 있어야 한다.

● 마지막으로 벙크(Bunk)담당 승무원은 벙크 내 잔류 승객의 여부를 점검해야 한다.

☑ Bunk(승무원 휴게소 CRA-Crew Rest Area라고도 함)

장거리 비행시 승무원의 휴식을 위해 항공기 내 설치한 구조물을 말하며 일반적으로 항공기 제일 끝이나 화물칸 옆에 설치되어 있다. 구조는 아래와 같으며 보통 8개의 침대로 구성되어 있어 한번에 최대 8명까지 안락하게 쉴 수 있는 장소이다.

| 객실승무원용 BUNK | 객실승무원용 BUNK | 운항승무원용 BUNK |

따라서 모든 객실승무원은 각 항공기의 구조 및 승무원 휴게소의 위치를 정확히 숙지하고 점검할 수 있어야 하며 기종별 항공기의 구조는 다음과 같다.

1. B737-700/800/900 항공기 객실 구조(협동체 Narrow Body)

- 12/ 150 = 162석(항공사별 차이 있음), 객실승무원 휴게소(BUNK) : 없음
- 유실물 자주 발견되는 장소 : 상위클래스-오버헤드빈, 일반석-오버헤드빈/좌석하단
- 잔류승객 발생가능 장소 : 화장실, 뒷편 갤리(Galley)

G : Galley
C : Closet
A : Attendant Jump Seat

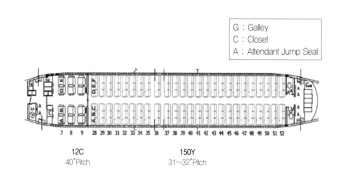

12C
40"Pitch

150Y
31~32"Pitch

2. A330-200/300 항공기 객실 구조(광동체 Wide Body)

- 6/24/186 = 216석(항공사별 차이 있음), 객실승무원 휴게소(BUNK) : 있음. L3
- 유실물 자주 발견되는 장소 : 상위클래스−팔걸이 옆 보관소, 일반석−좌석 앞 주머니속
- 잔류승객 발생가능 장소 : 화장실, 갤리(Galley), Bunk

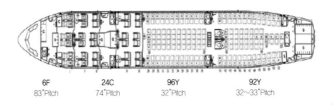

| 6F | 24C | 96Y | 92Y |
| 83˝Pitch | 74˝Pitch | 32˝Pitch | 32~33˝Pitch |

3. B777-200/300 항공기 객실 구조(광동체 Wide Body)

- 8/28/212 = 248석(항공사별 차이 있음), 객실승무원 휴게소(BUNK) : 있음. R3
- 유실물 자주 발견되는 장소 : 상위클래스−팔걸이 옆 보관소, 일반석−좌석 앞 주머니속
- 잔류승객 발생가능 장소 : 화장실, 뒷편 갤리(Galley), Bunk

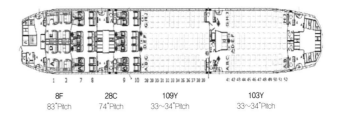

| 8F | 28C | 109Y | 103Y |
| 83˝Pitch | 74˝Pitch | 33~34˝Pitch | 33~34˝Pitch |

4. B747-400 항공기 객실 구조(광동체 Widy Body)

- 10/51/262 = 323, 객실승무원 휴게소(BUNK) : 있음 . R5
- 유실물 자주 발견되는 장소 : 상위클래스 − 팔걸이 옆 보관소, 일반석 − 오버헤드빈
- 잔류승객 발생가능 장소 : 화장실, Upper deck 및 뒷편 갤리(Galley), Bunk

| 24C |
| 60˝Pitch |

G : Galley
S : Stowage
C : Closet
B : Bar
■ : LCD Monitor
◎ : Baby Bassinet

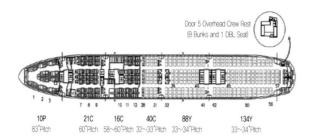

10P	21C	16C	40C	88Y	134Y
83˚Pitch	60˚Pitch	58~60˚Pitch	32~33˚Pitch	33~34˚Pitch	33~34˚Pitch

5. B747-8i 항공기 객실 구조(광동체 Widy Body)

- 6/48/314 = 362. 객실승무원 휴게소(BUNK) : 있음. R5
- 유실물 자주 발견되는 장소 : 상위클래스–팔걸이 옆 보관소, 일반석–오버헤드빈, 좌석 하단
- 잔류승객 발생가능 장소 : 화장실, Upper deck 및 뒷편 갤리(Galley), Bunk

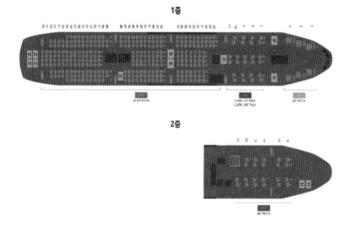

6. A380 항공기 객실 구조(광동체 Widy Body)

- 12/94/301 = 417(항공사별 차이 있음) 객실승무원 휴게소(BUNK) : 있음. R3
- 유실물 자주 발견되는 장소 : 상위클래스 – 팔걸이 옆 보관소, 일반석 – 좌석 하단
- 잔류승객 발생가능 장소 : 화장실, Upper deck 후방갤리(Galley), Bunk, 계단 주변

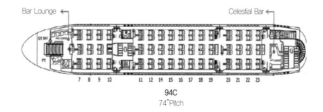

94C
74˚Pitch

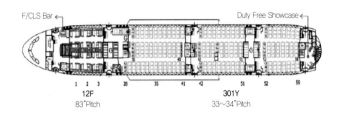

02 잔류 승객 점검 및 하기시 도움 필요한 승객

승객 하기 후 객실승무원은 담당구역별로 보안점검을 실시하여야 하며 잔류
승객 유무를 파악하여 기내방송을 통해 잔류 승객 여부를 통보하여야 한다. 잔
류 승객이 남아 있을 만한 장소는 화장실, 갤리(Galley), 승무원용 벙커(Bunk), 객실
좌석이며 기내에 잔류하는 승객의 대부분은 음주 후 만취하여 자는 승객과 응
급환자 또는 화장실 사용승객, 집단농성승객이 대부분이다. 기내 점검시 잔류
승객을 발견하면 즉시 객실사무장/캐빈매니저에게 보고하고 지상직원에게 연
락하여 신속히 하기할 수 있도록 하고 거부시에는 지상직원 및 공항경찰대의
도움을 요청한다. 아래의 승객은 객실승무원이 승객 하기 후 집중적으로 점검
을 해야 될 승객이다.

1. 성인 비동반소아(UM)

비즈니스 클래스 승객 하기 전/후 지상직원에게 인계하여야 하고 바쁜 객실
업무 때문에 인계하지 못할 상황도 발생할 수 있다. 따라서 착륙 전 담당구역의

성인 비동반소아 좌석번호 및 위치를 정
확히 파악하여 신속하게 지상직원에게 인
계될 수 있도록 해야 한다. 성인 비동반소
아는 대부분 목에 여권 및 운송에 관한 서
류가방을 걸고 있으니 내용물 점검도 함
께 하여야 한다.

2. 유아동반승객

해당 승객은 승객 하기시 자신도 빨리 내리고 싶은 마음에 기저귀, 우유통, 유아용품 등 여러 가지 유실물을 기내에 두고 갈 수 있기 때문에 객실승무원의 주변 좌석 점검이 꼭 필요한 승객이다. 일반적으로 아기관련 용품 등 챙기는 물건이 많아 대부분의 승객이 하기 후 여유 있는 상황에서 하기하실 수 있도록 안내하여야 한다.

3. 시각, 청각 장애인 승객

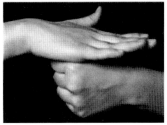

탑승시에는 제일 먼저 탑승하지만 목적지 도착 후 항공기에서 하기시에는 제일 나중에 하기하도록 착륙 전 안내하여야 하며 장애인 특성상 잃어버린 유실물의 종류조차 기억 못하는 경우가 많다. 따라서 탑승시 장애인 승객이 소지했던 모든 물품은 목적지 도착 후 정확히 소지하도록 인도하여야 한다. 또한 객실승무원의 도움 없이는 하기가 불가능한 승객이므로 정확하게 안내하고 지상직원에게 인계될 수 있도록 해야 한다.

4. 휠체어 승객

장애인 승객과 마찬가지로 출발지에서는 제일 먼저 탑승하고 목적지에 도착하면 제일 나중에 하기하는 것을 규정으로 하고 있다. 일반적으로 위탁수하물로 부친 휠체어는 나올 때까지 시간이 적지 않

게 소요되므로 천천히 하기하실 수 있도록 안내하여야 한다.

휠체어 승객은 동반자가 함께 여행하는 경우가 많으니 어려운 문제는 동반자와 상의하는 것이 바람직하다.

5. 노약자

승객 중에서 건강상태가 좋지 못하거나 나이가 들어 연로한 승객을 지칭하며 목적지에 도착 후 정확한 안내와 도움을 주어 편안하게 하기할 수 있도록 해야 한다. 특히 노약자가 화장실에서 잔류하는 경우도 있으므로 모든 화장실 문을 개방하여 육안으로 점검해야 한다.

6. 객실승무원의 쉼터 BUNK/CRA 점검

우리나라에서는 비행 중 객실승무원이 쉴 수 있는 공간을 일반적으로 벙크/벙커(BUNK) 또는 승무원 휴게공간(CRA, Crew Rest Area)이라고 부르고 있다. 항공기 기종이 동일하면 위치나 구조는 어느 항공사나 거의 비슷하며 B777과 A330/A380 기종은 객실 복도 아래 화물칸 부분에 8인용 간이침대가 있다.

B747-400기의 경우 객석 뒤쪽 꼬리날개 쪽 윗부분 천장에 8명분의 침대가 설치되어 있고 B777-WS 기종인 경우도 항공기 제일 뒤쪽 부분에 BUNK가 설치되어 있다. 요약해 보면 B777 일반기종/A330/A380 기종은 지하층에, B747/B777WS 기종은 2층에 설치되어 있다고 보면 무리가 없을 듯 하다.

이들 벙크는 천장높이가 150cm에 불과한 다락방 같은 곳으로 제대로 머리를 들기도 어려우며 항상 번호키로 잠가놓고 있어서 번호키를 입력하고 문을 열어 계단을 올라가거나 또는 내려가도록 되어 있다.

승객 하기 후 객실승무원 휴게소를 점검해야 하는 이유는 승객이 비교적 몸을 숨기기 쉬운 장소가 많고 객실승무원이 업무하는 장소에서 올라가거나 내려가도록 되어 있어 바쁜 비행 전/비행 후 시기에 점검하기 비교적 까다롭다는 데 있다. 2013년 국내 항공사를 이용한 중국 승객이 객실승무원 휴게소에 잠입하여 미국에 밀입국하려다 적발된 사례가 있었고 그 외에도 해외 항공사에서 승객의 잠입 등 적지 않은 사례가 다수 보고됨에 따라 CREW BUNK 보안과 점검의 중요성이 매우 커지고 있는 실정이다. 따라서 국내 항공사에서는 객실승무원의 휴게소에 보안장치 및 시건장치를 설치하여 인가된 인원 외에는 절대 출입하지 못하도록 하고 있다.

항공기 승무원이 쉬는 Bunk, B777-300WS

항공기 승무원이 쉬는 Bunk, A340

항공기 승무원이 쉬는 Bunk, B777-200

Bunk Key Pad

Bunk 키

운항승무원용 Bunk

7. 잔류 승객 중 응급처치를 필요로 하는 승객의 조치

기내에서 발견되는 잔류 승객 중 응급처치를 요하는 승객이 비교적 많은 범위를 차지하며 빠른 응급조치를 필요로 하는 잔류승객에게 신속한 응급처치는 매우 중요하다고 할 수 있다. 따라서 응급을 요하는 잔류 승객이 발견되었을 때는 즉시 객실사무장/캐빈매니저에게 보고하고 지상직원에게 통보하여 현지 의료인에 의한 적절한 의료조치를 받도록 해야 한다.

☑ 응급처치란?

위급한 상황에 놓인 환자에게 우선 고비를 넘기기 위하여 의료상의 조치를 취하는 것을 말하며, 응급한 상황에 처한 환자의 생명보존, 현상유지, 부작용억제, 빠른 회복을 유도하기 위한 일련의 조치를 의미한다. 비교적 위험한 경우(acute cases)는 수분 내지 수시간 안에 생명의 위협을 받을 수 있기 때문에 질병의 부위·양상·종류·원인 등을 규명하는 등의 전통적인 치료와는 다르며, 현재 환자에게 발생하는 상당히 중요한 변화에 대하여 어떤 치료를 우선적으로 시행할 것인가를 결정하고 이를 시행하는 행위이다. 따라서 비행 중 착륙 후 또는 승객 하기시 객실에서 이러한 상황이 벌어졌을 때 객실승무원은 수분 안에 승객의 생명이 위태롭게 될 가능성이 있어 기내 환경을 감안하여 즉시 이러한 상황이 호전되도록 처치해야 한다.

EMERGENCY®
first response

☑ 응급환자 발생 파악하기

사진출처 : http://blog.naver.com/dondogi/100189591588

❶ 상황판단(Assess the Situation)

기내에서 잔류하고 있는 응급환자를 발견하거나 주변 승객으로부터 접수
받은 최초 승무원은 환자가 의식이 있을 경우 본인이 객실승무원임을 밝
히고 환자승객의 상태를 파악한다.

환자 상태파악 요령

- 환자승객 안정
- 환자승객의 의식 및 호흡확인
- 도움의 필요 여부 확인 후 동의
- 환자의 의학정보 습득 및 의사소견서 확인

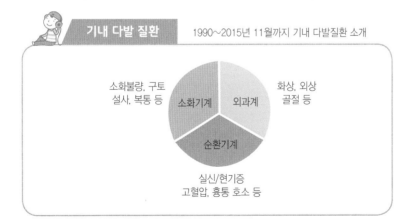

기내 다발 질환 1990~2015년 11월까지 기내 다발질환 소개

소화불량, 구토
설사, 복통 등 **소화기계** **외과계** 화상, 외상
골절 등

순환기계

실신/현기증
고혈압, 흉통 호소 등

❷ 응급환자 보고(Report, Communicate and Coordinate)**하기**

제일 먼저 기내 잔류 응급환자를 발견한 승무원은 각 항공사별로 규정된

비상신호 또는 구두로 주변 승무원의 도움을 요청하고 생명위협 상황인 경우 기장에게 먼저 통보하여 지상으로 부터 의료인의 의학적인 도움을 청하여야 한다. 의료인의 법적 범위는 의사, 한의사, 치과의사, 간호사, 조산사이다.

기내사망을 포함하여 응급환자 발생시 다음의 사항을 파악하여 기장/객실사무장, 캐빈매니저/지상운송직원에게 보고하도록 하여야 한다.

ⓐ 응급승객의 성명, 나이, 성별, 주소, 연락처 등 인적사항

ⓑ 승객의 증상

ⓒ 승객에게 의료행위를 한 기내 의료인의 인적사항

ⓓ 응급상황 발생장소, 시간, 비행구간, 당시 운항 및 객실상황

ⓔ 응급상황 전반에 관한 구체적인 진술

ⓕ 취식한 음식(소화기계통 응급상황)

ⓖ 시간대별 조치사항 및 기내 의료장비 사용 여부

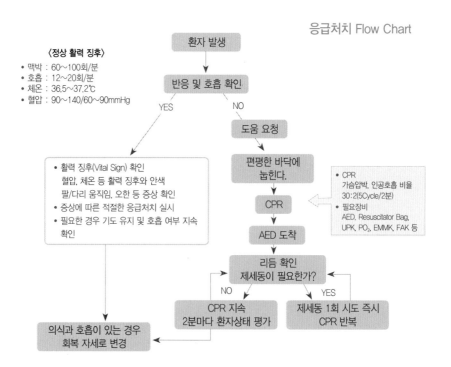

응급처치 Flow Chart

☑ 기내 응급환자 초기대응 기본원칙

❶ 기내 환자승객이 생명이 위독한 비상사태인지, 그렇지 않은 상태인지에 대한 정확한 판단

❷ 조직적인 상호 협조(응급처치, 기장보고, 의료장비전달의 역할구분)

❸ 승객안정 및 적합한 자세를 취하도록 한다.

❹ 불필요한 사람의 접근 금지

❺ 승객이 자신의 병이나 상처에 대한 표현 청취

❻ 객실 내 적절한 공간 확보

❼ 객실승무원에 의한 수액 및 정맥, 근육, 혈관주사(Injection) 금지

❽ 승객이 요청하기 전 약품제공 금지 및 약품의 부작용 파악

❾ 환자의 과거병력 확인

❿ 응급처치 중 혈압, 맥박, 호흡, 활력 징후를 파악하여 실시간으로 보고

⓫ Doctor Paging 실시

⓬ 지상 항공병원과의 연락체계 확보

⓭ 주변 목격한 승객의 목격자 진술 확보

⓮ 응급상황 발생시 책임 및 보상문제에 대한 언급 금지

> 잔류 응급환자 승객 발생시 사용하는 응급처치장비는 다음 장인 제5장 기내설비 점검하기에서 설명한다.

기내 설비
점검하기

1. 기내 설비 점검요령

2. CDLM–객실 설비장비 수리 요청서

- 객실 서비스 규정에 따라 객실 내 장착되어 있는 모든 서비스 설비나 장비를 점검할 수 있다.
- 객실 서비스 규정에 따라 객실 설비나 장비를 점검 후 이상 유무를 보고할 수 있다.
- 객실 서비스 규정에 따라 객실 설비나 장비에 이상이 있을 경우 정비사에게 구두 전달하고 객실 설비장비 수리 요청서에 기록할 수 있다.

인용출처 : NCS 홈페이지-항공객실서비스

기내 설비
점검하기

 01 **기내 설비 점검요령**

객실승무원은 승객 하기 완료 후 비행 중 기내 설비의 고장 부분과 객실 설비를 객실 안전 규정에 의거해 정해진 점검방법으로 점검하며 설비 이상 발견시 객실사무장/캐빈매니저에게 보고 및 전달하여 즉시 수리가 될 수 있도록 조치해야 한다.

❶ 객실승무원은 비행 중 각자 근무했던 담당구역의 기내 안전 및 서비스 설비를 점검한다.

❷ 특히 갤리(GALLEY) 담당 근무자는 비행 중 문제가 발생하였던 갤리 설비가 있는 경우 정확한 위치 및 설비이상 확인이 이루어질 수 있도록 점검한다.

❸ 갤리(주방 GALLEY) 설비인

- 냉장고(refrigerator-음료를 냉장시키는 설비)
- 확장선반(extension shelf-좁은 선반을 확장시켜 사용할 수 있도록 만든 설비)
- 커피메이커(coffee maker-커피를 만드는 설비)
- 오븐(oven-기내식을 덥히는 용도로 사용하는 설비)
- 워터 보일러(water boiler-뜨거운 물을 공급하는 설비)
- 전자레인지(microwave-기내식을 빠른 시간 내 데우는 설비)
- 쓰레기 압축기(trash compactor-기내 쓰레기를 압축하는 설비)
- 배수구(drain) - (기내 물을 배출하는 설비)

객실승무원은 승객 하기 후 상기 모든 갤리 설비를 점검하고 확인한다.

❹ 항공기 내 설치되어 있는 화장실은 항공기 모기지 출발 전 객실브리핑시 객실사무장/캐빈매니저로부터 할당받은 객실승무원이 점검한다.

❺ 화장실 점검 후에는 화장실용품 보관함을 열어 두어 지상직원의 재확인 및 화장실용품에 대한 점검 및 보충도 함께 이루어질 수 있도록 한다.

❻ 모든 객실승무원은 비행 중 각자 근무했던 담당구역(zone)의 승객 좌석의 등받이(seat back), 식사 테이블(tray table), 발받침대(footrest), 좌석젖힘장치(Recline button), 좌석 쿠션상태(Seat cushion), PSU(passenger service unit) 등 기타 편의사항의 설비 이상 유무를 정확히 점검한다.

❼ 승객 하기 완료 후 담당승무원은 객실사무장/캐빈매니저에 의해 실시되는 객실 조명 점검시 객실 조명이 담당구역별로 단계별로 정확히 조절되는지, 조명 밝기 조절의 이상 유무는 없는지, 조명기구의 상태는 양호한지를 파악한다.

❽ 객실 조명상태 점검 후 문제점 발견시 객실정비사에게 고장 부분을 구두/문서를 이용하여 전달하고 장비의 수리 요청을 의뢰한다.

❾ 비행 중 객실 간 또는 객실과 조종실 간 인터폰 사용시 발견된 이상현상이나 승객 하기 후 인터폰 이상 유무 점검시 확인된 수리 요청 부분을 파악하고 객실정비사에게 구두/문서로 전달하여 원만히 작동될 수 있도록 조치한다.

❿ 비행 중/후 기내 방송시 청취하기 불편한 파열음이나 적절치 못한 과다/과소 음량, 비행기 소음에 의한 기내 볼륨 자동조절장치 등에 문제점을 발견했을 경우 객실정비사에게 이상 부분을 구두/문서로 상세히 설명하고 수리를 요청한다.

⓫ 비행 중 객실 영화/오디오/게임 구동시 발견된 승객 개인 모니터와 스크린의 문제점을 정확히 파악하고 개인 모니터의 경우 객실정비사에게 구두와 문서로 좌석번호와 이상상태에 대해 자세히 설명한 후 다음 비행을 위해 적절한 수리를 의뢰한다. 비행 중 승객이 지적한 문제점을 해결 후에도 정확한 설비 이상을 메모지에 기록하여 복편 비행 중 동일 문제점이 재발하지 않도록 신경 써야 한다.

비행 전/중/후 객실 설비 이상을 발견하였을 경우 객실정비기록부(CDLM-Cabin Discrepancy List and Memo)에 이상사항을 구체적으로 기록해야 하며 항공기 도착 후 객실정비사에게 설비 이상을 고지하여 즉시 수리하도록 하여야 한다.

또한 교대팀에게도 상기의 객실 설비 이상을 구두/서류를 이용하여 통보하며 객실정비기록부(CDLM-Cabin Discrepancy List and Memo)에 기록 후에도 다음과 같은

스티커를 사용하여 정비사나 지
상조업원에게 객실 설비의 고장
을 알려줄 수 있다.

객실사무장/캐빈매니저는 승객
하기 후 모든 객실승무원이 아래
사항을 점검할 수 있도록 조치해
야 한다.

객실정비사에게 기내 설비 이상을 설명하는 저자

바닥면은 매끄러운 재질로 되
어 있어 스티커 형식으로 떼어
낼 수 있다.

설비 이상 유무를 기록 후 스티
커는 개별적으로 고장설비 중 제
일 눈에 잘띄는 곳에 붙인다.

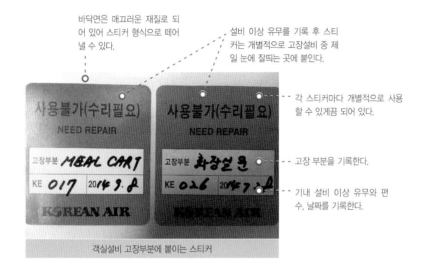

각 스티커마다 개별적으로 사용
할 수 있게끔 되어 있다.

고장 부분을 기록한다.

기내 설비 이상 유무와 편
수, 날짜를 기록한다.

객실설비 고장부분에 붙이는 스티커

기내설비 점검이 필요한 장치

① 객실 인터폰 및 기내 방송상태 점검(객실 내 모든 Interphone)

B737 기종 인터폰

B777 기종 인터폰

A380 기종 인터폰

B747 기종 인터폰

A330 기종 인터폰

기내 사전녹음 방송장치

객실 인터폰 및 기내 방송 상태 점검방법

- 객실 내 인터폰 기내 방송 작동상태
- 객실 내 인터폰 통화 위한 송신상태
- 객실 내 인터폰 통화 위한 수신상태
- 조종실과의 통화 위한 송/수신상태
- 기내 방송시 파열음 상태

❷ **객실 오락 시스템 점검**(에어쇼, 영화상영 장치, 승객 개인용 전원공급장치)

에어쇼 점검

B737 상영물 장치 점검

A380 상영물 장치 점검

기내 영화 선택 리모컨 점검

영화 시청 위한 헤드폰 꽂는 곳 점검

개인용 전원공급장치 점검

AVOD 점검

스크린 전반 점검

영화상영 가능 여부 점검

객실 오락 시스템 전반 점검방법

- 객실 내 영화상영물 기기 점검 및 작동상태
- 객실 내 AVOD 시스템 작동 여부
- 승객 스크린 작동 여부
- 승객 개인별 리모컨 작동 여부
- 영화시청용 헤드셋 꽂는 장소 이물질 삽입 여부
- 개인용 전원공급장치 작동 여부

❸ **승객 편의 시스템 점검**(좌석장치, 독서등, 콜버튼, 에어컨 등)

시스템 전반 점검

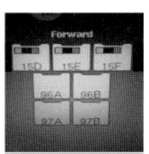

점검시 이상 좌석 발견

기내 좌석

머리 위 편의장치

A380 머리 위 편의장치

일반석 좌석 모습

☑ 항공기 일반석 머리 위 편의장치(PSU–Passenger Service Unit) 이해하기

기류 이상시 알려주는 좌석벨트표시등. 비행 중 그림과
같이 점등되면 좌석벨트를 매야 한다.

에어컨 또는 더운 공기가 나
오는곳. Eyeball이라고 한다.

비행 중 독서를 가능하게 해
주는 독서등. 머리 위에 개인
별 1개씩 설치되어 있다.

비행 중 승무원의 도움이 필
요할 때 이 버튼을 누르면
우측등이 점등되며 승무원이
알 수 있게 된다.

비행 중 독서를 할 때 이 스
위치를 누르면 독서등이 켜
지고 다시 한 번 누르면 꺼지
게 된다.

좌측의 버튼을 누르면 이곳에 불이 들어와 승무원이
서비스를 원하는 승객의 위치를 파악할 수 있다.

승객 편의 시스템(PSU) 전반 점검방법

- 비행 전 모든 에어컨 나오는 곳(Eyeball)을 점검하여 나오지 않는 곳은 객실정비사
  에게 조치 의뢰한다.
- 전체 기내의 승무원 호출버튼을 작동시켜 좌석별 작동 여부를 점검한다
- 전체 기내의 독서등을 작동시켜 작동 여부를 점검한다.
- 기내 좌석에 설치되어 있는 전원공급장치(ISPS–Inseat Power System)를 작동시켜
  전원공급 여부를 점검한다.

❹ 객실 조명장치 점검(Cabin Light)

B737 항공기 조명조절장치

B777 항공기 조명조절장치

A380 항공기 조명조절장치

A330 항공기 조명조절장치

객실 조명장치 점검방법

- 객실 전체 조명장치를 "ON" 상태로 놓고 들어오지 않는 곳이 있는지 세심하게 점검한다.
- 조명이 들어오지 않는 좌석, 들어오나 깜박이는 좌석이 있으면 객실정비사에게 점검 의뢰한다.
- 각 클래스별로 스위치를 삭동하여 오작농이 없는지 점검한다.
- 조명조절장치가 제대로 작동하는지 점검한다.

☑ A380 항공기 조명조절장치 이해하기

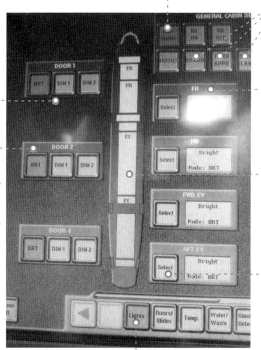

객실 전체 조명을 끄거나 킬 때 사용한다.

객실 전체 조명을 승객 탑승. 이/착륙 ,TAXING 등으로 조절할 때 사용한다.

출입구쪽 조명상태를 나타낸다.
BRT-최고밝기
DIM1-1차밝기
DIM2-2차밝기

현재 각 클래스의 조명 상태를 나타낸다.

출입구를 지정할 수 있는 버튼.
DOOR1-제일 앞쪽 문
DOOR2-앞에서 두 번째 문

현재 각 클래스의 조명상태를 색깔로 나타내며 진한 노란색이 제일 밝은 모드이다. 조정하는 모드에 따라 점점 노란색이 엷어진다.

클래스별 조명밝기를 조절하는 버튼

객실 조명을 조절하기 위해서 누르는 버튼. 누르면 상기 화면이 나타난다.

❺ 갤리 설비 점검(오븐, 커피메이커, Water Boiler, 냉장고, Warmer, 압축쓰레기통)

B747 이층 갤리 오븐 작동시설

A380 오븐 작동시설

B777 오븐 작동시설

갤리 내 쓰레기통

갤리 내 물 차단장치

갤리 내 마이크로웨이브 오븐

전원차단용 서컷브레이커

엘리베이터

커피 및 끓는 물 제조장치

서빙카트 보관소

물 공급장치

서빙 및 음료카트 보관소

물 데우는 장치

캐리어박스

압축쓰레기통

냉장고

확장선반-Extension shelf

확장선반(Extension shelf)이란?

비좁은 갤리(Galley) 공간에서 신속한 기내 서비스를 준비하기 위해 갤리 내 좁은 선반의 공간을 넓혀주는 역할을 하는 설비이다. 아래의 그림에서 설명한다.

확장된 선반 모습. 이/착륙시 원래의 모습은 선반이 내부로 들어가 있다.

확장선반(Extension shelf)을 꺼내고 접어 넣기 위한 손잡이. 손잡이를 당기면 선반이 나오게 된다.

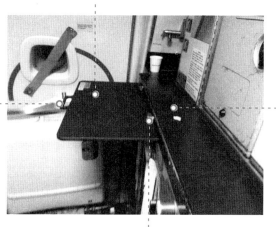

원래의 갤리 선반 모습(서비스 준비하기에 상당히 좁은 상태이다)

항공기 이/착륙시 선반이 튀어나오지 않게 고정해 주는 잠금장치(Latch)

✈ 갤리 설비 작동방법

갤리 시설 점검품목	점검항목
커피메이커(Coffee maker)	버튼 작동 여부, 청결상태
워터보일러(Water boiler)	버튼 작동 여부, 청결상태
오븐(Oven)	작동 여부, 오븐랙 숫자파악, 청결상태
마이크로웨이브 오븐(Microwave oven)	전원 작동상태, 청결상태
음용수 공급장치(Water faucet)	작동상태, 물 공급상태
확장선반(Extension shelf)	작동 및 고정상태
갤리조명(Galley lighting system)	켜짐상태 및 조절상태
전기회로차단기(Circuit breaker)	정상 작동상태, 위치
냉장고(Refrigerator)	전원 작동상태, 작동 여부
밀 카트 보관장소	냉장상태(Compartment), 청결 여부
압축쓰레기통(Trash Compactor)	정상작동 여부, 여분 쓰레기 박스
일반쓰레기통(Waste container)	쓰레기 비움상태, 장착상태
물 차단장치(Water Shut off Valve)	정상 작동상태, 설치위치
갤리 커튼(Galley curtain)	고정상태
엘리베이터(Elevator)	작동 여부, 내부 정돈상태

❻ 화장실 설비 점검(Flushing 상태, 물 공급상태, 배수상태)

화장실 전경

비품 보관소 : 거울 뒤에 있음

물 공급장치

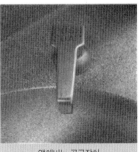
액체비누 공급장치

화장실 경고문

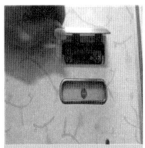
문 잠금장치

화장실 사용 여부 표시등

수도꼭지

변기

스피커 및 연기감지기

쓰레기통

화장실 내 승무원 호출버튼

아기 기저귀 교환용 선반장치

☑ 항공기 화장실 설비 이해하기

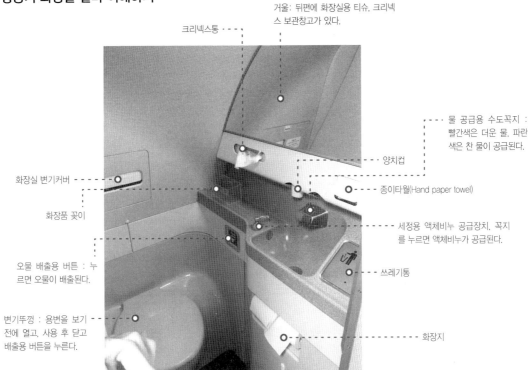

크리넥스통

거울: 뒤편에 화장실용 티슈, 크리넥스 보관창고가 있다.

물 공급용 수도꼭지 : 빨간색은 더운 물, 파란색은 찬 물이 공급된다.

양치컵

종이타월(Hand paper towel)

화장실 변기커버

화장품 꽂이

세정용 액체비누 공급장치. 꼭지를 누르면 액체비누가 공급된다.

쓰레기통

오물 배출용 버튼 : 누르면 오물이 배출된다.

변기뚜껑 : 용변을 보기 전에 열고, 사용 후 닫고 배출용 버튼을 누른다.

화장지

항공기 화장실 설비 점검방법

- 화장실 모든 작동설비(물 나오는 곳, 세면대 물 내리는 곳, 쓰레기통 뚜껑의 닫힘상 태, 액체비누, 오물 내리는 버튼, 오물 배출상태, 화장실 문 잠김상태)가 제대로 작 동하는가를 점검한다.

화장실 쓰레기통 뚜껑은 평소에 항상 닫혀 있어야 한다. 이유는 쓰레기통 안에서 화재가 발생할 경우 화재의 확산을 막기 위함이며 내부에 소화기가 장 착되어 있다. 쓰레기를 넣을 때에 입구 부분을 밀어 쓰레기를 넣어야 하며 승객 하기 후 화장실 점검시 쓰레기통 입구가 열어져 있으면 CDLM에 기재 후 객실정비사에게 수리 의뢰한다.

- 화장실 점검 중 설비에 이상이 발견되면 객실정비사에게 고지하여 즉시 수리될 수 있도록 조치한다.
- 화장실 스피커장치와 연기감지장치(Smoke detector)의 설비 및 작동이 제대로 되 고 있는지 점검한다.

☑ B737, B777, B747, B747-8i 항공기 기종에 설치되어 있는 화장실 연기감지장치

(Smoke detector) **이해하기**

정상 작동상태임을 나타 내는 파란색 등(Light)

Smoke detector 연기감지센서

Smoke detector 작동을 방해하는 이물질, 양치 용 컵의 삽입을 방지하 는 설비

Interrupt 스위치 : 비상경고음 을 중지시킬 경우에 이곳에 뾰 족한 물체를 넣어 누르면 경고 음이 중단된다.

Self test 스위치

센서가 화장실 내 연기 를 감지하면 비상경고음 발생시키는 스피커. 상 당히 큰 소리를 발생 시 킨다.

❼ 기내 음용수 탑재량 점검(기내 식수 사용량과 현지 공항 보급량)

B777 기내 음용수 표시창

A380 기내 음용수 표시창

B747 기내 음용수 표시창

기내 음용수 탑재량 점검방법

- 음용수/식수의 탑재량/잔량을 녹색/주황색 막대기(BAR) 형식으로 알려주는 B777/B747 항공기는 막대형식(BAR TYPE)이 칸에 꽉 차있어야 식수탱크가 가득 찬 것이다. 따라서 막대기(BAR)가 끝까지 표시하는가? 그렇지 않은가에 유의해서 점검한다.
- A380 항공기는 둥그런 모양의 원통에 파란색으로 기내음용수/식수의 잔량을 나타내기 때문에 파란색 부분이 어느 위치에 있는가를 확인하면 쉽게 알 수 있다.

❽ 기내 안전 및 응급장비 점검

승객 하기 후 점검해야 될 기내 안전/응급장비는 아래와 같다.

점검방법은 "(2) 객실 설비장비 수리 요청서(CDLM)에 기록 요청해야 될 주요 기내 설비"에서 설명한다. 안전장비 점검 중 이상이 발견되면 즉시 CDLM에 기록 후 객실정비사에게 수리 의뢰하여야 한다.

☑ **FAK**(First Aid Kit) : 기내 부상 및 응급환자에 사용한다.

☑ **EMK**(Emergency Medical Kit) : 기내 응급환자 발생시 의사만 사용한다.

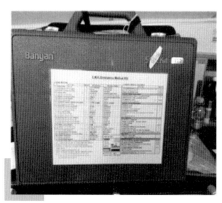 

☑ **Resuscitator Bag** : 기내 응급환자 발생시 의료 보조용구로 사용한다.

 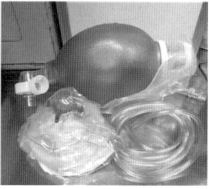

☑ **UPK**(Universal Precaution Kit) : 기내 응급환자 발생시 감염 방지 위해 감염물 처리에 사용한다.

☑ **AED**(Automated External Defibrillator) : 심장제세동기로서 심장 활력체크 및 심장 전기충격을 위해 사용한다.

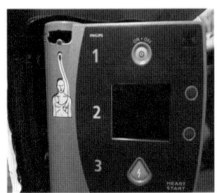

☑ **PO₂**(Potable Oxygen Bottle) : 응급환자의 산소공급을 위해 사용한다.

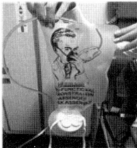

☑ **PBE**(Protective Breathing Equipment) : 기내 화재 진압시 진압 승무원을 보호하기 위해 사용한다.

☑ **MEGAPHONE**(확성기) : 기내 탈출 지휘시 승무원이 사용한다.

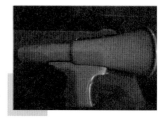

☑ **ELT**(Emergency Locator Transmitter) : 비상착륙/착수시 생존자의 위치를 알리는 데 사용한다.

 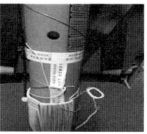 

☑ **SEATBELT EXTENSION**(연장벨트) : 기내 고도비만 승객의 좌석벨트 연장에 사용한다.

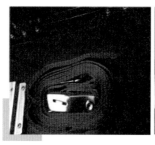  

☑ SAFETY BELT : 객실승무원의 항공기로부터 낙상 방지에 사용한다.

☑ LIFE VEST : 비상착수시 승객과 승무원의 안전한 구조를 위해 사용한다.

☑ FLASH LIGHT : 비상탈출시 탈출지휘 또는 신호를 위해 사용한다.

☑ SMOKE DETECTOR : 화장실에서 발생하는 화재 감지에 사용한다.

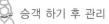

☑ **FIRE EXTINGUISHER** : 기내 화재 발생시 화재 진압에 사용한다.

HALON TYPE

WATER TYPE

화장실 내 쓰레기통 뚜껑

기내 화장실에 설치되어 있는 쓰레기통에는 뚜껑이 반드시 설치되어 있다. 이유는 쓰레기통 내부에서 화재 발생시 화재의 확산을 막기 위함이며 사용법은 뚜껑을 밀고 내부에 쓰레기를 넣으며 사용 후 뚜껑은 내부 스프링의 힘에 의해 반드시 원위치로 자동적으로 돌아와 닫혀 있어야 한다. 만일 이러한 동작이 실시되지 않으면 안전위해요소이므로 객실정비사에게 알려 수리 의뢰한다.

기내 안전장비 점검방법

자세한 사항은 "객실 설비장비 수리 요청서(CDLM)에 기록 요청해야 될 주요 기내 설비"에 기록되어 있으니 참고하도록 한다.

CDLM-객실 설비장비 수리 요청서 (Cabin Discrepancy List and Memo)

객실 설비장비 수리 요청서(CDLM)은 기내 설비 및 안전설비에 관한 이상이 있을 때 객실사무장/캐빈매니저나 선임승무원이 기록하며 객실정비사에게 수리를 요청하는 서류이다. 제일 상단에 비행편수, 날짜, 항공기 번호, 구간, 객실사무장/캐빈매니저 성명/기장성명을 기록하고 중단 안전에 관한 사항과 하단 객실일반정비에 관한 사항을 적는 곳으로 구분되어 있다. 안전에 관한 사항은 CDLM의 중간부분, 객실일반정비에 관한 부분은 하단의 MEMO란을 사용하며, 정비사 및 지상직원에게 구두로 전달한 사항도 반드시 객실 설비장비 수리 요청서에 기록한다.

1. CDLM의 구성

Yellow/White/Pink Sheet 3부로 구성되어 있다.

- Yellow Page : 객실 결함에 대한 조치 및 정비에 대한 근거 문서로 정비본부에 2년 보관 후 폐기한다.
- White Page : 객실 결함 중 운항승무원에게 전달하게 되는 용도로 사용하며 운항승무원은 이를 근거로 기록하고 폐기한다.
- Pink Page : 객실 결함에 대한 수정 작업관리를 위한 자료로 사용되며, 정비본부에서 1년간 보관후 폐기한다.

- 객실사무장/캐빈매니저는 출발 전 객실일지를 확인, 결함사항에 대한 조치사항 및 Defer 사항을 확인(기 Defer된 결함 추가 기재 불요)
- Defer : 부품관계 수리 못한 것을 의미

- 결함 내용은 영문으로 정확하게 작성할 것
  - ☞ 안전 관련 설비 결함사항 기재시 참고하도록 'Cabin Defects List'가 신규 객실일지 (Cabin Log)의 뒷 커버 안쪽에 부착됨.
- "ITEM"란에 아라비아 숫자로 순번을 기재하고 "DEFECT DESCRIPTION"란에 결함 내용 영문 기재
- 페이지 넘어가야 할 경우 "CONTINUED TO NEXT PAGE"라고 기록 후 다음 PAGE에 기록
- 결함 발생시, 해동 구간 목적지 도착 후 운항승무원에게 작성한 객실일지 전체 전달
  - 예) 국내선 근무 중 처음 구간에서 결함이 발생한 경우 객실일지 작성하여 처음 구간 목적지 도착하여 승객 하기 후 운항승무원에게 객실일지 전체 전달

CDLM 모습

CDLM 내부 모습

객실정비사는 일련번호를 A, B, C 기록한다.

객실승무원은 일련번호를 1, 2, 3 순으로 기록한다.

CDLM 내부와 기록한 모습

비행편수, 날짜, 항공기 번호, 구간, 객실사
무장/캐빈매니저 성명/기장성명을 기록

객실 안전설비
이상 기록

객실 일반설비 이상
기록

정비사가 조치한
사항을 기록

2. 객실 설비장비 수리 요청서(CDLM)에 기록 요청해야 될 주요
기내 설비

객실사무장/캐빈매니저와 담당구역 객실승무원은 다음 설비를 비행 전/중/
후 특히 승객 하기 후 정해진 점검요령으로 집중 점검하여 이상이 있을 시 객실
설비장비 수리 요청서(CDLM)에 기록하고 객실정비사에게 인계하여 수리될 수
있도록 해야 한다.

품목	설비 이상 유무 판단
FAK(First Aid Kit)	정위치, 봉인상태, 수량
EMK(Emergency Medical Kit)	정위치, 봉인상태, 수량
Resuscitator Bag	정위치, 수량
UPK(Universal Precaution Kit)	정위치, 팩 봉인상태
AED(Automated External Defibrillator)	정위치, 배터리 상태, 수량
PO2(Potable Oxygen Bottle)	정위치, 마스크와 튜브의 상태, 압력게이지 상태(1600psi 이상), 수량
소화기(Fire Extinguisher)	정위치, 봉인상태, 압력게이지 상태(할론 소화기), 수량
PBE(Protective Breathing Equipment)	정위치, 진공상태, 수량
Megaphone(확성기)	정위치, 작동여부, 고정상태, 수량
ELT(Emergency Locator Transmitter)	정위치, 수량
Seatbelt Extension(연장벨트)	정위치, 수량
Life Vest	정위치, 장비수량 상태, 수량
Flash Light	정위치, 충전 지시등 점멸 여부, 수량
Smoke Detector	정위치, 이물질 여부
Video 장비	작동 여부
Seat 설비(발받침대, 각종 작동버튼)	작동 여부, 청결상태
PSU(Passenger Service Unit)	작동 여부
Interphone	작동 여부
Overhead Bin(수하물선반)	작동 여부, 닫힘상태
Coffee Maker	작동 여부
Water Boiler	작동 여부
Trash Compactor(쓰레기압축기)	작동 여부, 뚜껑 닫힘상태
Oven, Microwave Oven	작동 여부, 내부 이물질상태
갤리 내 Locking 장치	작동 여부, 고정 여부
낙수현상	강도 및 위치 파악
Lavatory(화장실)	각종 시설물 작동 여부, 악취 여부
객실 조명(Cabin Lighting System)	작동 여부
객실 온도(Cabin Temperature Control)	작동 여부
객실 음용수(Potable Water)	총 탑재량 여부
객실 오물탱크(Waste Tank)	비움상태

기내용품
인수, 인계
하기

1. 기내용품 인수인계

2. 해외공항 도착시 서비스용품과 기물 인수인계하는 방법

3. 한국 도착시 서비스용품 및 기내 면세품 인계방법

4. 해외공항 도착시 면세품(Duty free item)의 인계방법

5. 기내 주류, 서비스용품, 기내 면세품 봉인하는 데 사용

   하는 Seal이란?

Chapter
06

기내용품
인수, 인계
하기

수행 준거

● 객실 서비스 규정에 따라 기내에 탑재된 서비스 용품 및 면세품을 컴파트먼트(Compartment)에 넣고 봉인(Sealing)할 수 있다.

● 객실 서비스 규정에 따라 조리실(Galley) 담당자가 봉인(Sealing)한 후 인수인계서를 상호 점검할 수 있다.

● 객실 서비스 규정에 따라 지상 종업원과 봉인 확인 및 점검(seal to seal) 방법으로 인계·인수할 수 있다.

인용출처 : NCS 홈페이지-항공객실서비스

 기내용품 인수인계

항공기가 목적지에 도착 후 승객이 하기하고 기내 설비 점검이 끝나면 객실승무원은 마지막으로 객실 서비스 규정에 따라 기내에 탑재된 주류 및 서비스용품 및 면세품을 컴파트먼트(Compartment)에 넣고 봉인(Sealing)해야 하며 지상직원과 상호 봉인상태를 확인하고 점검하는 방법으로 인계하여야 하고 필요시 인수인계서를 작성한다.

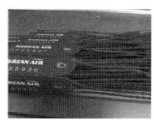

기내 알코올성 음료와 면세품을 봉인하는 데 사용하는 붉은색 봉인장치와 일반 기내 서비스용
품을 봉인하는 데 사용하는 파란색 봉인장치–항공사별로 색상에 차이가 있을 수 있다.

기내 서비스용품과 면세품의 봉인은 실(Seal)이라는 장치를 이용하여 하게 되
며 확인시 Seal의 상태와 Seal 번호를 객실승무원이 지상직원과 맞추어 보면 된
다. 참고로 일단 봉인된 Seal은 뜯어내지 않는 한 Sealing한 박스나 카트의 내용
물을 빼낼 수 없도록 되어 있으며 수많은 플라스틱 Seal이 생산되지만 번호가
같은 것은 지구상에 절대 없어서 일반적으로 번호가 같고 상태가 온전하면(Seal
이 파손되지 않았으면) 봉인(Sealing)이 잘 유지된 것으로 본다.

 해외공항 도착시 서비스용품과 기물 인수인계하는 방법

| 서비스용품 | 인수인계서 | A380 기판 인계장소 |

❶ 승객 하기 후 유실물 점검 등 업무가 종료되면 기내용품 하기 및 다음 편
(Next flight) 비행을 위해 기내 미화/탑재/하기를 담당하는 현지 지상 탑재/하
기 요원(Ground caterig staff)이 항공기에 탑승한다.

항공기 도착 전 모여 있는 조업원

도착 후 기내 미화 모습

❷ 서비스용품/기내 면세품 탑재하기는 해외공항별 공항 규정에 따라 상이하게 운영될 수 있으며 인수인계는 기내 식음료 탑재 관리자 (Catering Supervisor)가 항공기에 탑승하면 담당 객실승무원과 상호 확인하게 된다.

❸ 도착 공항에서 하기하는 객실승무원은 현지 국가의 세관업무를 위해 음료 및 서비스품목의 잔량을 상세히 적어 정해진 양식의 리스트 (Dry Item list / Liquor inventory list)에 기록하여 객실사무장/캐빈매니저가 지상직원에게 전달하게 되며 이 목록을 기준으로 하여 다음 편 필요 물품이 탑재되게 된다.

❹ 도착 공항의 특성상 필요한 물품이 미탑재되는 경우도 있다. (중동지역 사우디아라비아 공항에서의 알코올성 음료 탑재/돼지고기 기내식 탑재는 불가하다)

❺ 도착 공항에서 항공기를 인수받은 출발편 객실승무원은 도착편 승무원이 작성한 리스트(Dry Item list /Liquor inventory list)에 의거해서 필요 물품을 주문할 수 있다.

❻ 항공기에서 사용하는 모든 기물(Service tools)은 도착지 공항에서 하기하지 않으며 새로운 기물의 탑재도 되지 않는다. 만일 사용 중 기물을 분실하였을 경우에 도착 후 즉시 기내식 탑재담당자나 지상직원에게 알리어 대신 사용할 수 있는 추가 기물이 탑재될 수 있도록 해야 한다.

각종 국제선용 서비스 기물

❼ 알코올성 음료와 면세품 카트는 붉은색 실(Red Seal)로 봉인(Sealing)하며 그 외 기내 서비스용품은 파란색 실(Blud Seal)로 봉인(Sealing)한다. 항공사별로 색상의 차이는 있을 수 있다.

| 주류 카트 | 일반석 주류 | 기내 면세품 카트 | 봉인용 실 |

❽ 일부 도착지 공항별로 재고부족으로 인해 탑재가 안 되는 품목과 탑재 가
능한 품목이 있을 수 있으며 자세한 사항은 객실브리핑시 객실사무장/캐
빈매니저로부터 또는 도착 후 현지 지상직원으로부터 해당 공항의 정보를
얻을 수 있다.

객실브리핑용 노트북

브리핑하고 있는 저자

❾ 모든 품목의 인수인계 방법은 도착
편 승무원이 카트(Cart)나 캐리어박스
(Carrier on Box) 또는 컴파트먼트(Com-
partment)의 봉인장치를 실(Seal)을 이용
하여 봉인(Sealing)하고 출발편 승무원
이 항공기에 탑승한 후 실 번호(Seal
number)와의 일치, 실의 파손상태를
보고 인수한다.

항공기 출발 전 봉인상태 꼼꼼하게 점검하는 승무원

인계를 위해 잘 봉인된 기내면세품

⑩ 해외 출발편 기내 판매담당 객실승무원이 인수한 비행기의 면세품 실 번호를 점검한 결과 도착한 승무원이 작성한 인계리스트와 실 번호(Seal number)가 불일치시 또는 봉인장치가 파손되어져 있을 경우에 즉시 지상직원을 호출하여 실 번호를 재확인하여야 하며 또한 봉인된 캐리어박스나 카트를 열어 기내 면세품이 도착편 승무원이 인계한 수량과 일치하는지 확인 후 지상직원과 담당 객실승무원 그리고 객실사무장/캐빈매니저의 서명을 받아 제출한다. (요즘은 핸드폰을 이용하여 사진을 찍어 증거자료로 제출하는 것도 좋은 방법이다)

03 한국 도착시 서비스용품 및 기내 면세품 인계방법

기내 면세품

기내 면세품

기내 주류

❶ 항공기가 모기지인 인천 국제공항에 도착하면 왕복 비행 중 사용하였던 모든 서비스용품과 서비스 기물/기내 면세품(Duty free item)을 인천 국제공항에 대기 중인 하기담당 직원에게 인계하여야 하며 기내 면세품(Duty free item)은 면세품 하기 담당직원에게 서비스용품 중 비교적 고가인 상위클래스 기념품, 일부 기물은 기내용품 하기 담당직원에게 별도의 인계서를 작성하여 수량 확인 후 인계한다.

❷ 알코올성 음료의 카트는 붉은색 실로 봉인한 채로 인계하며 실 번호(Seal number)나 주류의 수량은 확인하지 않는다. 기내 면세품(Duty free item) 또한 붉은색 실로 봉인하여 인계한다.

❸ 기내 면세품 담당 승무원은 모든 면세품을 직접 확인 방식(Item to Item)으로 인계하는 것이 아니라 면세품 중 고가의 상품만 인수담당 직원과 함께 직접 확인 방식으로 인계하고, 나머지 면세품은 카트나 캐리어박스에 넣어 일체인계(Seal to Seal) 방식으로 인계한다.

Item to item 인계물품   기내 면세품 적재 모습   함께 인계하는 계산기

❹ 기내 면세품 역시 주류와 마찬가지로 붉은색 실로 봉인하여 인계한다.

❺ 기내 면세품은 한 곳에만 탑재되는 것이 아니라 앞쪽 갤리(FWD GLY), 뒤쪽 갤리(AFT GLY), 이층 갤리(UPPER DECK GLY) 주변에 나뉘어서 탑재되기 때문에 항상 철저한 봉인이 필요하며 인계 중 분실되지 않도록 철저한 주의를 요한다. 또한 기내 면세품 인계 중 기내 판매대금은 기내 판매담당 승무원의 가방에 넣고 봉인하거나 반드시 휴대하여야 하며 분실시 회수가 상당히 어려운 경우가 발생하니 주의하여야 한다.

저자도 2003년 런던에서 인천공항 도착 후 기내 판매담당 팀원이 면세품 인계 중 깜빡 잊고 기내 면세품 대금가방(약 $12,000)을 갤리 컴파트먼트-compartment에 넣고 인계 중 기내 면세품 대금가방을 분실하여 한동안 어려움에 처한 적이 있었다.

당시 기내 판매담당이 통째로 잃어버렸던 기내판매대금 백. 항공기 왕복분 기내 판매대금 현찰과 카드영수증, 잔돈이 모두 들어 있었다. 여러분도 만일 기내에서 방치된 이러한 형태의 백을 보면 반드시 객실사무장과 캐빈매니저 또는 선임승무원에게 즉시 신고하기 바란다.

기내 판매대금 모아 - - - - -
둔 백, 분실 주의!!

국내 LCC 항공사의 기판 후 모습

 04 **해외공항 도착시 면세품**(Duty free item)**의 인계방법**

면세품 카트 1

면세품 카트 2

카트 봉인된 모습

❶ 해외 공항 도착시 기내 면세품 인수인계는 담당 객실승무원 상호 간에 대
면하여 도착편 객실승무원이 출발편 객실승무원에게 면세품의 봉인상태
를 보여주며 기내 판매대금과 함께 인계하는 원칙이나 공항 사정상 또는
항공기 조기도착 관계로 출발편 승무원과 대면하지 못하는 공항은 지상직

도착지 공항 특성상 교대팀 기내 판매담당 승무원을 만나지 못
할 경우 기내 판매대금을 넣고 봉인하는 보관장소

원 또는 보안직원에게 인계할 수 있으며 이 경우 기내 판매대금은 공항 특성상 지상직원에게 인계하는 방법과 항공기 내 일정장소_(테이저 보관함)에 넣고 봉인하는 방법이 있다.

❷ 도착한 비행기의 기내 판매대금을 인수한 지상직원은 즉시 기내 판매대금을 봉인한 실 번호(Seal number)를 기록하며 인계한 객실승무원과 상호 확인(Cross check)

한 다음 기내 면세품 캐리어박스 및 카트의 봉인상태를 확인해야 하고 자물쇠를 이용하여 모든 기내 면세품 캐리어박스와 기내 판매 카트를 봉인하는 절차를 수행한다.

❸ 기내 면세품 중 파손품이나 불량품이 발생했을 경우 특이사항을 출발편 승무원에게 문서나 구두로 전달하여 항공기가 인천 국제공항 도착 후 기내판매 인수 담당직원에게 인계될 수 있도록 해야 한다.

❹ 만일 도착 공항의 지상직원이나 출발편 승무원이 기내 면세품 봉인상태를 확인 중 실 번호(Seal number)가 틀린 것을 발견했을 경우 즉시 도착편 승무원의 체류호텔에 연락하여 유선으로 상호 재확인해야 하며 필요시 해당 캐리어박스나 카트를 개봉하여 면세품 잔량을 파악해야 한다.

Sealing 완료, 미완료된 기내용품   기내 면세품 Sealing된 모습

 기내 주류, 서비스용품, 기내 면세품 봉인하는 데 사용하는 Seal이란?

봉인하는 데 사용되는 Seal의 색은 항공사마다 다르게 사용하며 면세품/기내 주류 캐리어박스와 카트는 붉은색(Red Color) Seal, 기타 서비스용품 캐리어박스와 카트는 파란색(Blue Color) Seal을 사용하여 봉인한다.

● 사용하고 남은 모든 알코올성 음료/기내 면세품은 붉은색 실로 봉인한다.

● 비알코올성 음료는 한 곳에 모아두어 인계받은 객실승무원의 업무에 도움이 될 수 있도록 하며 기용품을 모은 박스는 파란색 실로 봉인한다.

파란색-Blue seal을 사용하여 봉인하는 기내 서비스음료와 카트 내부

Seal의 꼬리부분을
이곳에 통과시키면
봉인된다.

Seal 꼬리부분–봉인하기
위해서는 Seal 머리부분의
구멍에 꼬리부분을 통과
시킨다.

Seal을 뜯기 위해서
이곳을 몸체와 분리
시키면 봉인이 해제
된다.

이곳이 깔대기 모양으
로 되어 있어서 일단
구멍을 통과하면 다시
꺼내기가 불가능하다.

Seal 고유번호 :
똑같은 번호는 생
산되지 않는다.

Seal 기능별 설명

Seal 앞면

Seal 뒷면

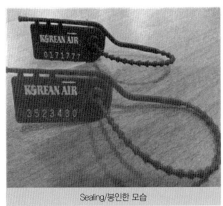

Sealing/봉인한 모습

봉인 해제된 모습

미주노선 기내 주류 인수인계서

기내 판매 인계서 01

기내 판매 인계서 02

기내 판매 최종 합계 영수증－인계인수할 금액이
기록되어 있다.

기내 판매 인계서 03

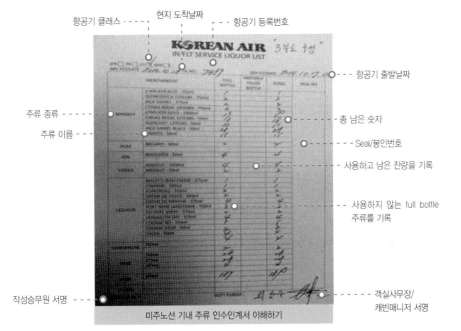

미주노선 기내 주류 인수인계서 이해하기

- 항공기 클래스
- 현지 도착날짜
- 항공기 등록번호
- 항공기 출발날짜
- 주류 종류
- 주류 이름
- 총 남은 숫자
- Seal/봉인번호
- 사용하고 남은 잔량을 기록
- 사용하지 않는 full bottle 주류를 기록
- 작성승무원 서명
- 객실사무장/ 캐빈매니저 서명

승객 하기 후 디브리핑 (Cabin Debriefing) 실시하기

1. 객실브리핑(Cabin Briefing)

2. 합동브리핑(Joint Briefing)

3. 갤리브리핑(Galley Briefing)

4. 디브리핑(Debriefing)

승객 하기 후
디브리핑
(Cabin Debriefing)
실시하기

목적지 공항 도착하여 승객 하기 완료 후 모든 승무원은 승객 하기 후 정해진 장소에서(Shipside) 디브리핑을 실시하여야 하며 항공기 출발 전/중/후 실시하는 브리핑(Briefing)의 종류는 다음과 같다.

01 객실브리핑(Cabin Briefing)

국내에서의 객실브리핑

해외에서의 객실브리핑

모든 객실승무원은 항공기 출발 전 객실사무장/캐빈매니저가 주관하는 객실브리핑에 참석하여야 한다. 객실브리핑의 내용은 인원 및 근무 재확인, 용모 및 복장 확인, 필수 휴대품 소지 여부 확인(여권, 비자, 승무원등록증, 회사 ID CARD, 메모패드 등)하고 비행정보(일반/안전/체류지/해당편 기내 서비스 순서)를 공유하며 회사정책을 전달하고 객실승무원 기본자세를 인식할 수 있도록 업무협조하는 절차이다.

 합동브리핑(운항브리핑/Joint Briefing)

객실브리핑을 마친 모든 객실승무원은 운항승무원 중 해당 편 기장이 주관하는 합동브리핑에 참석해야 하며 합동브리핑은 국내에서는 회사 내 지정된 장소, 해외에서는 객실 전방 또는 게이트 입구 등 승객과 분리된 장소에서 실시할 수 있다. 합동브리핑의 내용은 해당 편 보안고려사항, 계획된 비행시간, 항공기 고도, 항로, 목적지 기상, 조종실 출입절차, 운항승무원과 객실승무원 간의 협조사항 등에 대한 업무협조하는 절차이다.

태국 수완나품 국제공항 합동브리핑

브라질 비행 전 LA 공항에서 합동브리핑

 갤리브리핑(Galley Briefing)

이륙 후 기내 서비스 시작 전 및 항공기 도착 전 적정시점에 각 클래스별로

국내선 갤리브리핑 모습

최선임 승무원이 주관하여 승객 및 기내식 관련 정보를 공유하고 서비스 이행내용을 확인하는 업무절차이다. 갤리브리핑 내용으로는 탑승객 정보, 제공식사 내용 및 종류, 서비스 방법, 서비스시 유의사항 등이 있다.

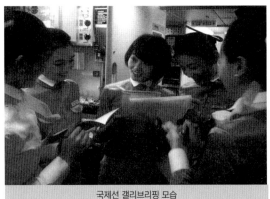
국제선 갤리브리핑 모습

04 디브리핑(Debriefing)

승객하기후 객실사무장/캐빈매니저 주관하에 객실 전방 또는 비행기 근처 (Shipside)에서 비행 중 발생한 특이사항을 점검하고 비행 후의 업무내용을 확인하는 업무절차이며 디브리핑의 절차 및 내용은 다음과 같다.

● 모든 객실승무원은 승객 하기 후 정해진 시점 및 일정한 장소에서 객실사

인천공항 도착 후 디브리핑 모습

해외에서 디브리핑 하는 모습

무장/캐빈매니저가 주관하는 디브리핑에 참석한다.

- 디브리핑은 원칙적으로 매 비행 종료시마다 항공기 객실 전방 또는 항공기 근처(Shipside)에서 실시하는 것을 원칙으로 하나, 단 동일 날짜에 2개 구간 이상 근무시 객실사무장/캐빈매니저의 판단에 따라 실시할 수 있고 국내선의 경우 당일 최종근무 비행, 국제선인 경우 In Bound 비행 종료시 한해 실시할 수 있다.

- 디브리핑에 참석하는 객실승무원은 비행 중 특이사항 중심으로 객실사무장에게 보고의무가 있으며 특이사항에 대한 처리절차를 지시하는 객실사무장/캐빈매니저의 지시사항을 적극 수용한다.

- 디브리핑 실시 결과 특이사항이 발견되어 별도 보고 및 추후 업무개선이 필요하다고 판단되는 사항은 각종 객실보고서 작성 등을 통해 회사에 보고한다.

- 객실사무장/캐빈매니저는 아래의 객실 디브리핑 가이드라인(Guide line)을 참조하여 비행 중 특이사항을 점검하고 승객 하기 후 업무절차를 확인한다.

디브리핑(Debriefing) 시 점검하는 비행 중 특이사항

- 객실 설비 고장 및 객실정비기록부(CDLM) 기록 여부
- 기내 환자 및 부상승객 발생 여부 및 처리내역
- 기내식, 음료 등을 비롯한 서비스 아이템 관련 특이사항
- 기내 분실물 발생 여부 및 후속 처리내역
- 불만승객 발생 여부 및 후속 처리내역
- 클리닝쿠폰(Cleaning coupon) 발급 여부 및 후속 처리내역
- 기내 난동승객 발생 및 후속 처리내역
- 승객 좌석배정 관련 특이사항
- VIP/CIP 탑승 여부 및 객실서비스 보고방법
- 기내 접수서류(우편물, 상용고객 신청서, 기내 면세품 사전주문서)
- 각 클래스별 특이사항 및 기타 보고사항

객실승무원의 승객 하기 후 업무절차

- 각종 인수인계서 제출
- 기내 면세품 판매대금 반납(기내판매 담당승무원)
- 보안장비 반납(보안장비 담당승무원)
- 갤리 인포메이션(Galley information) 반납(갤리 담당승무원)
- 각종 기내 설문지 제출
- 주요 승객 보고서 제출(상위클래스 담당승무원)
- 해외지역 도착편 비행 후 체류호텔에 도착한 경우 체류시 보안 위해 연락처 기재 및 다음 비행편 출발시간, 호텔 Pick up 시간 확인

승객 하기 후 객실 내 주요 인계/인수사항

상위클래스 편의복/상위클래스 헤드폰/Giveaway/Amenity Kit/비디오 박스/기내 면세품 및 판매대금 /보안장비/고객서신 접수 유무/그 외 특이사항 및 진행, 종결 사항(기내식 이물질, 클리닝쿠폰 등)/승객 유실물

브리핑(Briefing에 대하여

일반적으로 항공기에 탑승 근무하는 대부분의 승무원은 "브리핑(Briefing)"을 선호하지 않는다. 왜냐하면 모든 형태의 브리핑은 기내업무 시 승객안전 및 고객서비스 부분의 잘 못될 점을 미연에 방지하고 적절치 못한 승무원 개인 및 팀(Team)의 업무절차에 대해 수정하는 방식을 취하기 때문에 종종 분위기가 거북하고 경직되는 경우가 많은 이유이다.

하지만 브리핑을 통해 비행 하게 될 또는 비행 중 그리고 비행 후 기내 업무수행 측면에서 잘된 부분은 격려하고 잘못된 부분은 지적하고 공개함으로써 추가 발생할 수 있는 업무적 실수를 미연에 방지하게 될 수 있다.

따라서 예비승무원 여러분도 현장에 투입되면 브리핑(Briefing)을 기피하지 말고 적극적으로 참여해 자신을 한층 더 업그레이드 할 수 있는 기회로 삼으면 좋을것 같다.

Chapter

08

부록

객실승무원 해외국가 출입국하기

객실승무원 해외국가 출입국하기

객실승무원이 국제선 비행할 때 많은 국가를 출입하게 된다. 따라서 승무원은 해외국가 입출국시 회사에서 발급하는 ID CARD만 확인하는 등 승객과 달리 많은 편의를 제공하고 있으며 출입국하는 장소도 다르게 표시되어 있어 일반적으로 입출국 수속이 간편하다. 하지만 여권 내 비자 및 국가의 특징에 맞는 서류를 반드시 소지하고 있어야 하는바, 비행 전 목적지 국가의 서류를 재확인하는 절차를 객실브리핑 시간을 통해 객실사무장/캐빈매니저가 점검하고 있으며 승객에 비해 세관검색 절차도 많은 편의를 제공하는 편이나 이러한 점을 면세범위 초과/개인음식 휴대/거액의 화폐운반 등 개인의 편리수단으로 이용해서는 안 된다.

참고로 2016년 2월 현재 객실승무원의 면세범위는 USD 100, 해외구입가능 물품액수는 USD 200 이하이며, 아래 사진을 통해 비행필수 휴대품목과 승무원이 여권 내 소지하고 있어야 할 비행 전 필수 휴대품목을 소개하고자 한다.

국외 비행하는 승무원의 필수 아이템이며 모든 항공사가 객실브리핑시 여권소지 여부를 확인한다.

객실승무원 업무교범은 팀장은 필히 소지하고 있어야 하며 일반승무원은 약본을 소지하고 있으며 항공기에 비치된 업무교범을 사용한다.

객실승무원에게 아이디카드(ID CARD)는 국내/국외공항에서 여권과 동일한 역할을 한다.

국제선 비행시 객실승무원 비행 필수품목
– 한 가지라도 빠지면 비행 불가

모든 객실승무원은 여
권수령 즉시 서명란에
Sign부터 해야 한다.

여권–승무원 여권도 승객과 동일한 전자여권

방문국 비자

여권 내 출입국 비자–승객에 비해 간편하다.

여권번호를 암기해두
면 여러모로 편리하니
꼭 암기하도록 하자.

승무원 비자 확인

승무원 미국 비자–승무원은 B1/B2/C1/D

미국 최초 입국시 작성하는 서류이
며 여권 가운데 부착한다.

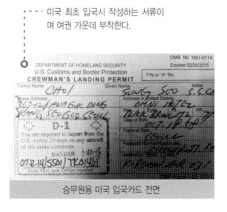

승무원용 미국 입국카드 전면

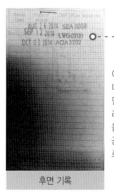

후면 기록

이후 미국 입국할
때마다 작성된 이
면에 미국 입국 관
리가 이렇게 도장
을 찍어준다. 찍을
공간이 없을 시 새
로이 작성한다.

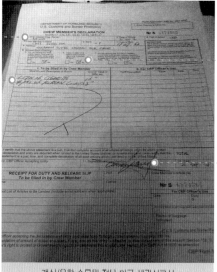

승무원 이름/생년월일/
편명/날짜를 쓰는 공간

가방에 소지한
물품 신고란

농장방문기록/세관
면세범위 초과 물품
소지 여부 체크표시

서명. 어느 국가든지
서명이 상당히 중요
하다.

객실/운항 승무원 전용 미국 세관신고서
- 비행 전 반드시 Pick-Up 해야 한다.

황열병 접종 증명서 - 아프리카 케냐 비행시 소지

황열병 주사기록. 증명서가 노란
색이라 Yellow Card라고도 한다.

승무원의 해외물품 구입안내

국내의 모든 승무원은 개인별 면세범위가 USD(미국
달러) 100이며 해외에서 구입할 수 있는 물품의 총
합계는 USD 2000이다. 만일 미국에서 청바지를 한 벌
구입했는데 구입단가가 USD120이면 해외구입 허용
범위 USD200을 초과하지 않았으나 개인별 면세범위
를 USD100 초과하였기 때문에 세관에 신고하여야 한
다. 항공사 별로 차이는 있지만 세관규정 위반시 비교
적 강한 제재가 수반되며 주류는 구입할 수 없기 때문
에 유의 하여야 한다.

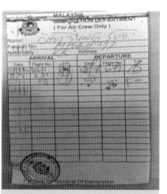
승무원용 말레이시아 입국기록표

Pictures From 32 years Flight in Korean air

Docs From 32 years Flight in Korean air

Knowledges From 32 years Flight in Korean air

NCS 학습모듈 기내 일상 안전 관리(홍영식)

NCS 학습모듈 승객 탑승 전 준비(박지영)

NCS 학습모듈 승객 탑승 및 이륙 전 서비스(박지영)

NCS 학습모듈 비행 중 서비스(박혜정)

NCS 학습모듈 착륙 전 서비스(이효선)

NCS 학습모듈 착륙 후 서비스(정영미)

NCS 학습모듈 승객 하기 후 관리(정영미)

NCS 학습모듈 응급 환자 대처(임항아)

NCS 학습모듈 객실 승무 관리(박인섭)

대한항공 객실승무원 서비스 교범

대한항공 객실승무원 교범

대한항공 사무장/승무원 방송문 및 부록

대한항공 홈페이지

아시아나항공 홈페이지

www.airbus.com(에어버스사 홈페이지 for A320/330/380)

www.boeing.com(보잉항공사 홈페이지 for B737/777/747)

www.bombardier.com(봄바르디어 항공사 홈페이지 for CRJ-200/1000)

www.tsa.gov 미국교통안전청(Transpotation Security Administration) 홈페이지

국토교통부 국토교통뉴스(www.news.airport.co.kr)

인천국제공항 홈페이지(www.airport.kr)

검색엔진 내 대한항공 견학 블로그

대한항공/아시아나/제주항공/진에어/이스타항공/T way/유스카이 항공 홈페이지

위키백과 /위키 pedia /You tube

항공정보 포털 시스템(Air Portal)

대한 심폐소생협회(www.kacpr.org)

승객 하기 후 관리

초판1쇄 인쇄 2016년 2월 15일
초판1쇄 발행 2016년 2월 20일

지은이　　최 성 수
펴낸이　　임 순 재

펴낸곳　　한올출판사
등 록　　제11-403호
주 소　　서울특별시 마포구 모래내로 83(한올빌딩 3층)
전 화　　(02)376-4298(대표)
팩 스　　(02)302-8073
홈페이지　　www.hanol.co.kr
e-메일　　hanol@hanol.co.kr

값 10,800원　　　ISBN 979-11-5685-376-3